Karl Wallner O.Cist.

Zu dir erhebe ich meine Seele

Herzensgebete aus dem Kloster

Matthias Grünewald Verlag

VERLAGSGRUPPE PATMOS

PATMOS
ESCHBACH
GRÜNEWALD
THORBECKE
SCHWABEN

Die Verlagsgruppe
mit Sinn für das Leben

MIX
Papier aus verantwortungsvollen Quellen
FSC® C006701
www.fsc.org

Für die Schwabenverlag AG ist Nachhaltigkeit ein wichtiger Maßstab ihres Handelns. Wir achten daher auf den Einsatz umweltschonender Ressourcen und Materialien. Dieses Buch wurde auf FSC®-zertifiziertem Papier gedruckt. FSC (Forest Stewardship Council®) ist eine nicht staatliche, gemeinnützige Organisation, die sich für eine ökologische und sozial verantwortliche Nutzung der Wälder unserer Erde einsetzt.

www.gruenewaldverlag.de

Umschlaggestaltung: Finken & Bumiller, Stuttgart
Umschlagabbildung: Stefan Weigand
Fotos (von links): © Annette Zoepf / © Stefan Weigand / © Prof. Yvonne Matula / © www.stift-heiligenkreuz.at (Jerko Malinar – cross-press.net) / © privat
Druck: CPI – Ebner & Spiegel, Ulm
Hergestellt in Deutschland
ISBN 978-3-7867-2894-8

Inhalt

Vorwort

In Jesus Christus ist Gott unter uns *Mensch* geworden. Gott hat sich also in Gestalt einer menschlichen Person ausgesprochen: „Das Wort ist Fleisch geworden“ (Joh 1,14). In Jesus Christus begegnet Gott uns als menschlich konkrete Person, als personales Du. Das Zweite Vatikanische Konzil sagt von ihm: „Mit Menschenhänden hat er gearbeitet, mit menschlichem Geist gedacht, mit einem menschlichen Willen hat er gehandelt, mit einem menschlichen Herzen geliebt“ (Gaudium et Spes 22). Christlicher Glaube ist daher nicht nur das Fürwahrhalten von Glaubenssätzen (das natürlich auch!), sondern vor allem eine lebendige Beziehung zu jenem unfasslichen Du, das den Namen „Gott“ trägt und das sich uns als „die Liebe“ geoffenbart hat.

Seit der Menschwerdung Gottes vor zweitausend Jahren wissen wir also, dass Gott uns Menschen radikal nahe sein möchte. Diese Bereitschaft Gottes, Beziehung, Nähe, ja Vereinigung mit uns zu suchen, ist das Sensationelle der christlichen Spiritualität. Gott will von Auge zu Auge, von Herz zu Herz, von Du zu Du mit uns verbunden sein. Wir müssen ihn nur lassen. Das ist übrigens auch der Grund, warum es die Kirche gibt. Ihre Sendung besteht eben darin, diese Verbindung von Mensch und Gott herzustellen oder aufrechtzuerhalten. Wo Kirche das nicht mehr tut, wird sie oberflächlich und banal, kalt und nutzlos. Leider ist diese Kernkompetenz des Christentums zur Gottesverbindung heute verblasst und verdunkelt. Vielleicht empfinden deshalb viele Menschen, die Kirche und Glauben eher distanziert gegenüberstehen, dennoch eine gewisse Grundsympathie für die Ordensleute. Zumindest sind wir, die wir versuchen arm, ehelos und gehorsam Christus nachzufolgen, in dieser nivellierten Gesellschaft so etwas wie „interessant“: Ordensleute tragen unkonventionelle Kleidung, leben in exotischen „Biotopen“ namens Kloster und sind durch ihre unangepasste Lebensform eine Art „Aussteiger“. Wenn wir Ordensfrauen und Ordensmänner dann auch noch ein wenig von dem Glück ausstrahlen, das aus unserer Beziehung zu Gott kommt, dann werden wir automatisch zu Zeugen für die Wirklichkeit der Nähe Gottes. Die Menschen haben einen guten Instinkt und spüren den Bezeugungscharakter unserer Lebensform. Vielleicht ahnen sie auch so etwas wie Authentizität, denn die Welt von heute braucht ja nicht Leute, die gescheit daherreden, sondern sie braucht Zeugen. Unsere Lebensform steht im Empfinden vieler Menschen für das Verbundensein mit Gott.

Diese „Herzensgebete aus dem Kloster“ haben meinen Mitschwestern und Mitbrüdern einiges abverlangt, denn hier geben wir ein Stück unserer eigenen Seele preis. Auf unterschiedliche Weise ziehen Ordensfrauen und Ordensmänner jenen Vorhang zurück, der legitimerweise die Privatsphäre unserer Beziehung zu Gott schützt. Im Namen aller Leserinnen und Leser danke ich allen dafür! Wir wollen dadurch nicht unsere Frömmigkeit zur Schau stellen, sondern Zeugnis geben. Am meisten würden wir uns freuen, wenn diese Gebete nicht nur gelesen, sondern auch gebetet würden. Wir wünschen unseren Leserinnen und Lesern, dass sie durch die Gebete und Texte dieses Buches Gott vielleicht ein kleines Stück näher kommen.

Pater Dr. Karl Wallner O.Cist.
Stift Heiligenkreuz

Beten beginnt bei mir
und endet bei Gott.

Romano Guardini

Über das Beten

Zu den bekanntesten Gebetsgeschichten, die sich in der katholischen Tradition erhalten haben, gehört wohl die des Pfarrers von Ars. Als er einen Mann, der regelmäßig und auffällig lange in der Kirche saß, danach fragte, was er innerlich täte und wie er beten würde, bekam er die lapidare Antwort: Ich schaue Gott an und Gott schaut mich an. Einfacher und knapper ist es wohl nicht auf den Begriff zu bringen, was Beten im Letzten meint.

Wie sollen wir diese Weise des Betens lernen, wie zu solcher Einfachheit gelangen? Wo ist der Weg, der zu diesem geistigen Punkt führt, an dem es möglich ist, sozusagen »Aug in Aug« mit Gott zu sein, ihn anzuschauen und sich von ihm anschauen zu lassen?

Es ist evident. Jedes Ziel verlangt seinen Weg. Wir können nicht dorthin kommen, ohne Schritte des Lernens zu tun. Immer wieder werden wir dabei auf das fundamentale Gesetz stoßen, das Romano Guardini einst so formuliert hat: »Jedes Gebet beginnt bei mir und endet bei Gott.«

Beten beginnt bei mir

Der Ausgangspunkt ist da, wo ich bin, nicht anderswo, nicht rechts oder links von mir, nicht früher oder später, sondern hier und jetzt. Das konkrete Leben mit seinen Sonnen- und Schattenseiten, alles was dazugehört. Weder soll etwas übersehen noch übersprungen werden, nicht durch Ablenkung, nicht durch einen frommen Salto mortale. Alles, vor allem das, was jetzt bewusstseins- und gefühlsmäßig präsent ist, gehört zur Basis, von der ausgegangen wird. Das Erlebte kommt hinein ins göttliche Licht, gerät in das Feuer der göttlichen Liebe, um darin geordnet und gereinigt zu werden. Es sind die verschiedensten Nöte, große und kleine, die das Dasein durchziehen, die existenziellen Verunsicherungen, die Zwänge, die uns nicht atmen lassen. Und nicht zuletzt sind es häufig unvorhergesehene Verluste und Nöte, die uns ins Gebet stoßen und dazu motivieren. »Not lehrt beten«, heißt es im Volksmund. Aber auch das Umgekehrte hat seine Wahrheit. Es gilt nicht nur, dass die Not das Beten lehrt, sondern auch, dass das Beten die Not lehrt. Aber wie? – Im Vollzug des Betens kann offenbar werden, wie es in Tat und Wahrheit um uns steht, kann die ganze innere Not und Armut aufbrechen. Alles Zwiespältige und Beschämende kommt aus dem inneren Schatten heraus, gerät ins Bewusstsein, kommt an den Tag. Lassen wir die Stille, die zum Gebet gehört, einmal wirklich zu, stellt sich deshalb nicht automatisch Frieden und Harmonie ein. Eher und öfter schon das Gegenteil. Zumindest so lange, als da größere sündige Brocken und viel Ungereimtes vorhanden sind.

So also beginnt das Gebet bei mir, es führt mich in die Wahrheit meines Lebens. Es macht realistisch und »objektiv«, lässt in mir aber auch den Mut wachsen, mich der Wahrheit zu stellen. Wo das Gebet tief bei mir beginnt, wird es bei Gott enden.

Beten endet bei Gott

Was heißt »bei Gott enden«? – Beten besteht nicht nur darin, dass es Dinge klärt und uns bewusst macht. Es bringt darüber hinaus das Erkannte in neue Zusammenhänge, lässt das, was wir sind, anders wahrnehmen. Wir bleiben nicht einfach auf den Fakten des Lebens sitzen, uns selbst und uns allein überlassen, nein, wir werden innerlich weggezogen, weiterbewegt, werden hineingenommen in eine Bewegung der Hoffnung, spüren, wie innerlich Vertrauen zu wachsen beginnt und wie wir dadurch fähig werden, uns größeren göttlichen Mächten zu überlassen. Wir lernen im Gebet die Haltung von Kindern, die sich in den Armen von Mutter und Vater gehalten und geliebt wissen.

Deshalb leitet Ignatius den Betenden immer wieder an, am Ende von Meditationen und Besinnungen in ein vertrauendes Gespräch mit Jesus, mit Gott unserem Vater, auch mit Maria einzutreten. Wir sollten dabei versuchen, so zu Gott zu reden wie ein Kind zu seinen Eltern oder wie ein Freund zu seinem Freund. Wir sind zu solcher Vertrautheit umso mehr berechtigt, als Jesus selbst in diesem zärtlichen Ton zu Gott seinem Vater geredet (Mk 14,36) und er uns diesen Geist des Gebetes in den Herzen ausgegossen hat: »Wir haben den Geist empfangen, der uns zu Kindern Gottes macht, den Geist, in dem wir rufen, Abba, Vater!« (nach Röm 8,15)

Zusammenfassend: Um ins Gebet hineinzukommen und darin Fortschritte zu machen, braucht es zweierlei: eine gute Erdung, ein Beginn im Hier und Jetzt, Anknüpfung im konkreten Dasein, aber auch den Mut, das Ganze vor Gott zu bringen und es sich von ihm her ordnen zu lassen. Vielleicht gilt der Satz von Aristoteles, wonach ein guter Beginn mehr als die Hälfte sei, auch für das Gebet. Wo das Gebet gut in der eigenen Existenz beginnt, hat es schon einen beträchtlichen Weg zu Gott hin getan und trägt deshalb auch die Hoffnung, dort gut anzukommen.

Hans Schaller SJ

Pater Hans Schaller, geboren 1942, trat 1962 in den Jesuitenorden ein. Nach Beendigung seiner Studien in München, Lyon, Tübingen und Rom war er Studenten- und Akademikerseelsorger in Basel und Zürich. Er gründete eine Lebens- und Wohngemeinschaft für geistig Behinderte (Arche), war lange Jahre Spiritual am Collegium Germanicum et Hungaricum in Rom und anschließend Pfarrer von St. Marien in Basel. Seit 2010 ist er Exerzitienleiter in Notre Dame de la Route in Fribourg und Spiritual im Priesterseminar Chur.

Im Schweigen komme ich zu dir

Gebete großer Glaubensgestalten

Mein Herr und mein Gott,
nimm alles von mir,
was mich hindert zu dir.
Mein Herr und mein Gott,
gib alles mir,
was mich fördert zu dir.
Mein Herr und mein Gott,
nimm mich mir und
gib mich ganz zu eigen dir.

Niklaus von der Flüe

Dieses Gebet gehört zu den Texten, die ich irgendwann auswendig konnte, ohne sie je bewusst gelernt zu haben – für mich ein Zeichen, dass dieses Gebet genau für mich passt. Es wird wohl auch noch anderen so gehen. Am Anfang steht die vielleicht noch unbestimmte Sehnsucht nach Gott. Und nach dem Aufbruch erleben wir, dass es Lasten, Schwächen und Hindernisse gibt, die uns auf dem Weg zurückhalten und zurückwerfen und die wir selbst nicht wegschaffen können. Gott allein kann sie von uns nehmen. Und auch das gibt es. Wir erfahren neue Möglichkeiten, Hilfen und Begegnungen, die uns voranbringen und die wir ebenfalls nicht selbst machen können. Gott allein kann sie uns schenken. Irgendwann merken wir dann, dass es im Letzten nicht um unsere kleinen Schritte geht, so wichtig diese auch sind, sondern um das große Loslassen des eigenen Ichs, an dem wir kleben, das uns hindert, auch den letzten Schritt zu gehen. Am Ende steht – spätestens im Tod – das Lassen aller Sicherheiten, selbst des eigenen Ichs, um von Gott ergriffen zu werden. Und auch das kann allein Gott. Für die kleinen Schritte, das Loslassen und das Ergriffenwerden durch Gott ist dieses Gebet mir ein guter Begleiter.

Albert Sieger OSB

Pater Albert Sieger, geboren 1962, trat 1992 ins Benediktinerkloster Maria Laach ein. 1999 empfing er die Priesterweihe und ist seit 2011 Vizeoffizial des Bistums Limburg. Seit 2009 arbeitet er in der Redaktion des »Te Deum«, der Gebetszeitschrift des Klosters Maria Laach, mit.

Losreißen möge meinen Sinn,
ich bitte dich, o Herr,
die flammende und doch erquickende
Gewalt deiner Liebe von allem,
was unter dem Himmel ist,
damit ich sterbe
aus Liebe zu deiner Liebe,
der du dich herabgelassen hast,
aus Liebe zu meiner Liebe zu sterben.

Franziskus von Assisi

Ich habe dieses Gebet am Anfang meines Weges in den Orden auswendig gelernt. Mir schien es zusammenzufassen, was mir erfahrene Kapuziner erzählt hatten: Gott ermöglicht dem Menschen die Hingabe des Herzens. Der Text atmet die mitreißende Liebesfrömmigkeit unseres Ordensgründers, des heiligen Franziskus. Die Worte sind gewaltig. Sie führen mich auf den Berg der Begegnung mit Gott. Dort strömt die Quelle, von der sich meine Aktivitäten nähren. Bete ich diese Zeilen, mache ich mir klar: Was immer mich fasziniert in meinem Leben, es ist nicht Gott. Alles ist vergänglich. Die Kapuziner haben sich durch die Jahrhunderte dieser Wahrheit gestellt. »Unaultima« haben sie an die Standuhren im Kloster geschrieben – »eine ist die letzte« Stunde unseres Lebens. Eine wird auch die letzte der ganzen Welt sein. Doch darin hat Gott sich eingelassen. Herabgelassen. Daraus ist er auferstanden. Daraus werde auch ich auferstehen.
Der Gebetstext leitet mich an, diese letzte Stunde schon jetzt für Gott zu öffnen. Darin berge ich auch die vielen Vorläufer letzter Stunden: wenn ich mich von Bekannten verabschieden muss, weil mich der Orden an einen anderen Ort sendet. Wenn ich gesündigt habe und sich enttäuscht ein Mitmensch von mir abwendet. Wenn ich nach beglückenden Wochen im Urlaub oder während eines Arbeitsprojektes Abschied zu nehmen habe. Die mitreißende Kraft der göttlichen Liebe drängt mich zum Aufbruch. Lenkt mich zu einem Ziel, das nur sie kennt.

Paulus Terwitte OFMCap.

Bruder Paulus Terwitte, geboren 1959, trat kurz nach seinem Abitur dem Kapuzinerorden bei. Nach dem Studium der Theologie und Philosophie war er Guardian im Kapuzinerkloster Liebfrauen in Frankfurt am Main. Nach der Leitung des Kapuzinerklosters Dieburg bei Darmstadt 2006–2009 und einer kurzen Zeit in Würzburg ist er seit 2010 wieder Guardian im Kloster Liebfrauen.

Mein Gott,
du bist unendliche Liebe und
unendliche Barmherzigkeit.
Du vergibst mir, wenn ich das kühne
Wort zu sagen wage:
Du bist für mich der Narr der Liebe
und des Erbarmens.
Mein Gott,
Tag und Nacht, ob ich wache oder
schlafe,
ob ich esse oder trinke,
ob ich umhergehe,
ob ich an dich denke oder nicht an
dich denke,
denkst du mit unendlicher Liebe
immer an mich,
liebst du mich und bist mir zuge-
wandt.
Du, mein Gott, bist alles, alles, alles.
Mein Gott!

Vinzenz Pallotti

Von Kindesbeinen an wollte Vinzenz Pallotti ein Heiliger werden. Ihm war gesagt worden, da müsse man viel beten, große Opfer bringen, auch Schmerzen ertragen. Das tat er, doch das erschien ihm immer noch nicht genug. Verlangte Gott nicht noch viel mehr? Die Trauer über dieses Unvermögen machte ihn sogar krank. Doch Pallotti hatte Glück. Er entdeckte immer mehr, dass Gott uns Menschen unendlich liebt. Selbst wenn wir hinter seinen Erwartungen weit zurückbleiben und ihn auf die Seite schieben, Gott bleibt uns treu. Dieser Gedanke erfasste Pallotti so sehr, dass er sich dazu hinreißen ließ, Gott einen »Narr der Liebe« zu nennen. Pallotti litt zeitlebens unter seinen Fehlern und Schwächen, aber er hatte nie den geringsten Zweifel, von Gott in alle Ewigkeit angenommen und geliebt zu werden. Obwohl er sich für völlig unwürdig hielt, Gottes Liebe zu empfangen, hatte er nie Angst, sie zu verlieren.
Zu diesem Gebet greife ich besonders in Stunden, in denen ich nur schwer mit mir selbst zurechtkomme, mit meinen Grenzen und Schwächen oder auch mit einer Schuld. Da spüre ich Barmherzigkeit, der Leistungsdruck schwindet und eine bewundernde Zuneigung zu Gott steigt in mir hoch. Dieses Gebet lässt mich gerne an Gott denken, nach seiner Nähe verlangen. Und ich weiß, dass es auch schon für viele andere Menschen heilsam war.

Peter Hinsen SAC

Pater Peter Hinsen, geboren 1944, ist Pallottiner und Wallfahrtsseelsorger in der Wallfahrtskirche Herrgottsruh in Friedberg. Außerdem ist er in Friedberg tätig als Dozent am Pastoraltheologischen Institut der Pallottiner.

Herr und Gebieter meines Lebens:
Den Geist des Müßigganges,
des Kleinmuts, der Herrschsucht und
der Geschwätzigkeit gib mir nicht.
Den Geist der Lauterkeit, Demut,
Geduld und Liebe aber verleihe mir,
deinem Diener.
Ja, Herr und König, lass mich meine
eigenen Sünden erkennen und nicht
meinen Bruder verurteilen – denn
gepriesen bist du in alle Ewigkeit.

Ephraim der Syrer

Dieses – *mein* Herzensgebet stammt vom heiligen Ephräm (oder Ephraim) dem Syrer. Er lebte von 306 bis 373 n. Chr. hauptsächlich in Edessa, heute anliurfa in der Türkei, und war einer der größten Theologen und Hymnendichter der syrischen Kirche. Er gilt zu Recht als der bedeutendste Dichter der Väterzeit. Sein Gedenktag ist der 9. Juni, in den orthodoxen Kirchen wird er am 28. Januar gefeiert. Dieses Gebet – es wird auch Ephraimsgebet genannt – begleitet die Gläubigen der Ostkirche in der Großen Fastenzeit vor Ostern. Es wird in der Regel von den sogenannten »Großen Metanien« begleitet. Dabei kniet man nieder und berührt mit Kopf, Händen und Oberkörper den Boden. Diese tiefe Verneigung ist der Ausdruck der tiefen Liebeshingabe an Gott. Nach jedem Gebetsabschnitt wird eine solche Große Metanie vollzogen.
Ich persönlich bete dieses Gebet gerne auch außerhalb der Fastenzeit nach dem Aufstehen und vor dem Schlafengehen. Was gibt es Sinnvolleres, als den Tag mit der Bitte um Gelassenheit und Liebe zu beginnen? Und wenn ich zu Bett gehe, dann muss ich mich ernsthaft fragen, ob ich den Tag nicht mehr im Geist des Kleinmuts und der Geschwätzigkeit verbracht habe. Dieses Gebet von Ephraim dem Syrer erinnert mich immer an das, was die österreichische Schriftstellerin Ingeborg Bachmann so treffend ausgedrückt hat: »Unser Leben ist bis auf Widerruf gestundete Zeit.« Ob es mir gelingen wird – auch als Abt einer Klostergemeinschaft – mein Leben im Geiste der Lauterkeit, Geduld und Liebe zu gestalten? Ich hoffe zuversichtlich, dass mir das Ephraimsgebet »als Stütze und Stab« dazu verhilft.

Michael K. Proházka O.Praem.

Abt Mag. Michael Proházka, geboren 1956, studierte Philosophie, Theologie, Psychologie und Völkerkunde in Wien, Freiburg i. Br. und Rom (mit Schwerpunkt Ostkirchenkunde). 1979 trat er in die Prämonstratenserabtei Geras ein und wurde 1983 zum Priester geweiht (auch für den byzantinischen Ritus). Von 2004 bis 2005 war er als Vizerektor im Collegium Orientale in Eichstätt tätig. Seit 2007 ist er Abt des Stiftes Geras.

Deus meus et omnia.
Mein Gott – alles.

Franziskus von Assisi

Franz von Assisi ist für mich ein Lehrmeister des Gebetes. Seine Art, mit Gott in Beziehung zu treten, ist einladend, ganzheitlich, beinhaltet Fragen, Bekenntnis, Lobpreis, Freude und Klagen. Gebet ist für ihn unabhängig von Ort und Zeit: »Überall, an jedem Ort, zu jeder Stunde und zu jeder Zeit sollen die Brüder und Schwestern ... Gott lieben, ehren, anbeten, ihn loben, benedeien und verherrlichen ...« (NbReg 23,11) Das kurze Gebet: »Deus, + meus, et omnia« »Mein Gott – alles« ist uns überliefert in den Fioretti im 2. Kap.

Für mich ist es *das* Gebet, weil ich darin alles ausdrücken kann, was mich bewegt, was ich ersehne, was mein Auftrag als Ordensfrau und Christin heute ist. Gerne bete ich es allein, am liebsten im Freien, aber auch in Gemeinschaft. Mein Körper darf mitbeten und kann es besser ausdrücken als viele Worte.

Ich stelle mich bewusst aufrecht hin. Mutter Erde trägt mich.

Ich erhebe meine Arme zum Himmel, forme sie wie eine große Schale, bereit aufzunehmen. Ich strecke mich Gott entgegen, öffne mich für seine Liebe, sein Erbarmen:

Deus – Gott

Ich kreuze die Arme über meiner Brust. Ich spüre mich – nehme die Liebe an, bin ganz bei mir:

meus – mein

Ich breite die Arme aus, lasse das Empfangene und die eigene Erfahrung ausströmen, gebe weiter, werde weit, weltweit ...

Ich nehme die ganze Schöpfung wahr, die Welt mit ihren Brennpunkten und das mir Naheliegende – Menschen mit ihren Sorgen und Nöten:

et omnia – alles!

Ausgespannt, wie an ein Kreuz geheftet, verletzbar, spüre ich meine Grenzen.
Und ich kann es wieder loslassen, abgeben, Gott überlassen, indem ich das Gebet wiederhole ...

Deus meus et omnia.

... am Morgen und am Abend, zwischendurch bei der Arbeit oder im Erleben einer schönen Landschaft.

Gott und ich
Himmel und Erde

PAULIN LINK OSF

Schwester M. Paulin Link, geboren 1949, ist Franziskanerin und lebt im Kloster Reute. Die Religionspädagogin und Supervisorin ist seit 2002 die Generaloberin der Gemeinschaft.

Verleih mir,
gütiger und heiliger Vater,
in deiner Huld:
einen Verstand, der dich versteht,
einen Sinn, der dich wahrnimmt,
einen Eifer, der dich sucht,
ein Herz, das dich liebt,
ein Tun, das dich verherrlicht,
eine Geduld, die auf dich harrt;
gib mir deine heilige Gegenwart,
einen guten Tod und eine glückliche
Auferstehung im ewigen Leben.

Benedikt von Nursia

In unserer Gemeinschaft beten wir als Abschluss der Mittagshore täglich ein Gebet auf die Fürsprache unseres Ordensvaters, des heiligen Benedikt. Nach einer Überlieferung des seligen Alkuin († 804), eines Abtes der Benediktinerabtei von St. Martin in Tours, hat der heilige Benedikt dieses Gebet selbst verfasst. Die einzelnen Bitten erinnern uns jeden Tag neu an grundlegende Weisungen der Benediktsregel und somit an das Wesentliche unserer monastischen Berufung. Das Zentrale dabei ist wohl die Bitte um »ein Herz, das Gott liebt«. Sie erinnert uns an die Aufforderung Benedikts, »der Liebe zu Christus nichts vorzuziehen« (RB 4,21). So lenken auch alle anderen Bitten dieses Gebetes den Blick von sich selbst weg auf Gott hin: Es geht darum, Ihn zu verstehen, wahrzunehmen, zu suchen, zu verherrlichen und auf Ihn zu harren. Nicht nur wir Mönche, sondern wohl alle Christen, die sich um ein Leben in der Nachfolge Jesu bemühen, machen die Erfahrung, dass dabei der eigene Wille zwar entscheidend, aber nicht ausreichend ist. Der heilige Benedikt ermutigt daher in seiner Regel, wenn man etwas Gutes beginnt, Gott im Gebet beharrlich zu bestürmen, dass Er es vollenden möge (vgl. Prol. 4). Das Gebet, das uns der selige Alkuin überliefert hat, ist für mich ein Geschenk, das mir hilft, diese Weisung Benedikts zu leben und jeden Tag neu auf die Gnade und Hilfe Gottes zu vertrauen.

Johannes Fragner OSB

Pater Johannes Fragner, geboren 1963, lebt in der Benediktinerabtei in Seckau. Er ist Prior und Administrator der Abtei und Pfarrer der Gemeinde Seckau.

Herr Jesus Christus, im Schweigen dieses anbrechenden Morgens komme ich zu dir und bitte dich mit Demut und Vertrauen um deinen Frieden, deine Weisheit, deine Kraft. Gib, dass ich heute die Welt betrachte mit Augen, die voller Liebe sind. Lass mich begreifen, dass alle Herrlichkeit der Kirche aus deinem Kreuz als deren Quelle entspringt.
Lass mich meinen Nächsten als den Menschen empfangen, den du durch mich lieben willst. Schenke mir die Bereitschaft, ihm mit Hingabe zu dienen und alles Gute, das du in ihn hineingelegt hast, zu entfalten.
Meine Worte sollen Sanftmut ausstrahlen, und mein ganzes Verhalten soll Frieden stiften. Nur jene Gedanken, die Segen verbreiten, sollen in meinem Geiste haften bleiben. Verschließe meine Ohren vor jedem übelwollenden Wort und jeder böswilligen Kritik.
Möge meine Zunge nur dazu dienen, das Gute hervorzuheben.
Vor allem bewirke, o Herr, dass ich so voller Frohmut und Wohlwollen bin, dass alle, die mir begegnen, sowohl deine Gegenwart als auch deine Liebe spüren. Bekleide mich mit dem Glanz deiner Schönheit, damit ich dich im Verlaufe dieses Tages offenbare.

Mirjam von Abellin

Als Theologiestudent bin ich von einem befreundeten Priester ins Heilige Land eingeladen worden. Die Wohnung, in der wir untergebracht waren, befand sich in unmittelbarer Nähe zum Karmel in Bethlehem. In der dortigen Klosterkirche wurde ich auf *Mirjam von Abellin* aufmerksam, die Papst Johannes Paul II. 1983 seliggesprochen hat. Ihre Geschichte beeindruckte mich sehr und weckte eine besondere Zuneigung zu ihr. Damals und bei späteren Besuchen konnte ich viele Stunden betrachtend und betend vor ihrem Reliquienschrein verweilen. An diesem Ort begann ich, die geheimnisvolle Verbindung von Lieben und Leiden in Bezug auf die Erlösung besser zu verstehen. Die Liebe zum gekreuzigten Herrn wurde an diesem Ort tiefer und reifer.
Das von *Mirjam von der gekreuzigten Liebe* verfasste Morgengebet gefällt mir, weil es einfach und schlicht das Eigentliche und Wesentliche für den anbrechenden Tag erbittet. Sie weiß um den Wert des Schweigens und birgt sich vertrauensvoll in der Liebe, Weisheit und Kraft Gottes. Sie ist vom Wunsch beseelt, dass die Menschen das Wohlwollen und die Güte Gottes erfahren, und dass sich das Gute, Wahre und Schöne entfaltet, das in ihnen angelegt ist. Sie weiß darum, dass sich dieser Wunsch nur auf dem Weg liebender Hingabe erfüllen wird, die sie zum Kreuz Christi führt. Das Besondere an diesem schlichten Gebet liegt in dem großen kindlichen Vertrauen, der selbstverständlich anmutenden, natürlichen Demut und in dem Vorrang der sich hingebenden Liebe, die es tragen und zu denen es hinführt.

Anton Lässer CP

Pater Dr. Anton Lässer, geboren 1961, studierte zunächst Wirtschaftswissenschaften an den Universitäten Wien und Innsbruck und war mehrere Jahre als Unternehmensberater tätig. Die anschließenden theologischen Studien absolvierte er in Augsburg und Rom. Nach der Priesterweihe, dem Doktoratstudium in Rom und pastoralem Einsatz als Kaplan und Pfarrer trat er 2007 in die Kongregation vom Leiden Jesu Christi (Passionisten) ein. 2011 übernahm er das Amt des Direktors des überdiözesanen Priesterseminars Leopoldinum in Heiligenkreuz.

Höchster, glorreicher Gott,
erleuchte die Finsternis
meines Herzens
und schenke mir rechten Glauben,
sichere Hoffnung und vollkommene
Liebe.
Gib mir, Herr, das rechte Empfinden
und Erkennen,
damit ich deinen heiligen und
wahrhaften Auftrag erfülle.

Franziskus von Assisi

Dieses Gebet des heiligen Franziskus von Assisi vor dem Kreuzbild von San Damiano gehört zu meinen täglichen Gebeten. Die Anrede »höchster, glorreicher« erinnert mich, dass Gott nicht irgendwer ist, sondern einer, zu dem ich aufschaue. Ich möchte ihn als Instanz über meinem Leben wahrnehmen und ehren. Das »glorreich« erinnert mich an die Ausstrahlung Gottes – etwa in seiner Schöpfung. Bei der »Finsternis des Herzens« geht es um Unsicherheit und Suchbewegung, um Situationen, in denen es düster aussieht, in denen mir der Ausblick versperrt ist. Um Situationen der Orientierungslosigkeit, in denen der Halt fehlt. Solche Momente sind mir allzu vertraut. »Rechter Glaube« gibt meinem Leben Richtung. »Sichere Hoffnung« scheint ein Widerspruch in sich selbst zu sein, denn Hoffnung ist immer »Ungewissheit und Wagnis« (Peter Wust). Sichere Hoffnung bedeutet für mich die Beständigkeit im Wagnis der Hoffnung. »Vollkommene Liebe« bleibt ein unerreichtes Ziel. Ich werde es wohl erst am Ziel meines Lebens erreichen. Im Satz »Gib mir das rechte Empfinden und Erkennen« freut mich die Reihenfolge. An erster Stelle steht das Empfinden. Nicht mein Kopf, sondern mein Herz soll vorne sein, wenn es darum geht, die Weichen richtig zu stellen. Wie oft sagt mir das Empfinden das genau Richtige, während der Verstand zweifelt. Und was soll mein Empfinden ertasten? Den Auftrag, den Gott mir gegeben hat, meine Berufung, als Christ zu leben – und täglich neu diesem Auftrag auf der Spur zu sein.

Heribert Arens OFM

Pater Heribert Arens, geboren 1942, trat 1961 in den Franziskanerorden ein. Seitdem lebte und wirkte er an den verschiedensten Orten: als Dozent für Homiletik an der Ordenshochschule in Münster und am Priesterseminar Paderborn, als Innenstadt- und Krankenhausseelsorger, als Noviziatsleiter und Leiter eines Klosters zum Mitleben; er war Provinzial der sächsischen Franziskanerprovinz in Nord- und Ostdeutschland. Nun ist er Wallfahrtsleiter des Klosters Vierzehnheiligen in Bad-Staffelstein.

Du – lichtvoll über allem!
Erleuchte das Dunkle in meiner
Seele.
Schenk’ mir einen Glauben,
der weiterführt,
eine Hoffnung, die durch alles trägt,
und eine Liebe, die auf jeden
Menschen zugeht.
Lass mich erfahren,
wer du, Gott, bist
und erkennen, welchen Weg du mit
mir gehen willst.

Franziskus von Assisi

Das »Berufungsgebet des heiligen Franziskus« begleitet mich seit über zehn Jahren. Noch bevor ich in den Orden eintreten wollte, beeindruckten mich die Bitten um Glaube, Hoffnung, Liebe und das Erkennen des eigenen Auftrages. Franziskus bat in seiner Such-Zeit darum und auch ich befand mich auf der Suche: nach Sinn, nach meinem Auftrag, meinem Weg – nach Gott. Bis heute begleiten und stärken mich diese Worte. Ich bete sie allein, in Gemeinschaft mit meinen Mitschwestern, aber auch bei Angeboten mit Jugendlichen und jungen Erwachsenen. Für mich ist es ein Bitt- und Mut-mach-Gebet zugleich, mit dem ich mich direkt und persönlich an Gott wenden kann:
Erleuchte das Dunkel in meiner Seele – mache hell, was in mir dunkel ist, heile, was krank macht, öffne mich, wo ich verschlossen bin.
Schenk mir einen Glauben, der weiterführt – der mich nicht stehen bleiben lässt, einen Glauben, der mich fördert und fordert, der mich führt und reifen lässt.
Eine Hoffnung, die durch alles trägt – die mich auffängt, wo ich den Halt verliere, die hält, wo ich mich am Ende fühle, eine Hoffnung, die kraftvoll genug ist, Mitmenschen in ihren Situationen tat- und gebetskräftig mitzutragen und zu stützen.
Eine Liebe, die auf jeden Menschen zugeht – die Maß nimmt an der Liebe Jesu Christi und offen ist für jeden Menschen, der mir begegnet, eine Liebe, die mich leben und andere lieben lässt.
Erfahren, wer du, Gott, bist – im Hier und Jetzt erfahren, dass du, Gott, mit mir lebst, mir einen Auftrag gibst und durch mich wirkst. Amen – danke!

Elisa Kreutzer OSF

Schwester M. Elisa Kreutzer, geboren 1981, ist Franziskanerin und lebt im Kloster Reute. Die Grund- und Hauptschullehrerin ist derzeit tätig in der Jugend- und Öffentlichkeitsarbeit des Klosters.

Die Weltreligionen treffen sich heute zum Friedensgebet in der Stadt eines Heiligen, der lange Jahre ohne Gott gelebt hat. Als der junge Kaufmann am Morgen der Moderne über seinen Ehrgeiz stolpert und in eine Sinnkrise fällt, sucht er den Weltengott. Der Lichtvolle über allem soll seine Seele aus dunklen Erfahrungen von Krieg und Krankheit führen. In seinen Karriereplänen gescheitert, erhofft sich Franz vom Glauben befreiende Weite, von christlicher Hoffnung tragende Tiefe und von Gott eine Liebe, die nicht um das Ego kreist.

Dieses Gebet der spirituellen Sinnsuche begleitet mich seit 25 Jahren auf dem Weg der Brüder. Auch Franziskus' Gotteserfahrung leitet mich. Dem lichtvollen *DU über der Welt* lernt er mit Jesus »Vater« zu sagen – Vater aller Menschen auf Erden. Der eine Vater macht uns in allen Kirchen und Religionen zu Geschwistern. Gott offenbart sich in Christus als Bruder auf Erden. Wer seinen Fußspuren folgt, wird »arm an Dingen und reich an Leben«. Als *DU mit uns* spricht er im Evangelium, wird im geteilten Brot sichtbar und begegnet im Armen. Am innigsten erlebt Franz seine Gottesfreundschaft, wo er die Geisteskraft als *DU in jedem Menschen* erfährt. Der Bruder preist sie in weiblichen Namen: Schönheit, Weisheit, Liebe, Kraft, Freude, Geduld, Lebensfülle …

Die Frage seiner Suche, die Franz mir in mein brüderliches Wanderleben durch Europa mitgab, ist wegweisend geworden: Wer bist du, Gott? Antwort: das DU über der Welt, das DU mit uns und Gottes DU in jedem Menschen.

Niklaus Kuster OFM Cap.

Bruder Dr. Niklaus Kuster, geboren 1962, ist Theologe und Franziskaner. Er studierte Geschichte, Theologie und Spiritualität, lehrt an den Universitäten Luzern und Freiburg und ist Dozent an den Ordenshochschulen Münster und Madrid. Der Autor mehrerer Bücher über Franz und Klara von Assisi arbeitet in der Vernetzung der franziskanischen Schweiz und leitet spirituelle Reisen. Er lebt im Kapuzinerkloster Olten in der Schweiz.

Gebet zur heiligen Dreifaltigkeit

O mein Gott, Dreifaltiger, den ich anbete, hilf mir, mich ganz zu vergessen, um in dir begründet zu sein, unbewegt und friedlich, als weilte meine Seele schon in der Ewigkeit. Nichts vermöge meinen Frieden zu stören, mich herauszuverlocken aus dir, o mein Wandelloser, jeder Augenblick trage mich tiefer hinein in deines Geheimnisses Grund! Stille meine Seele, bilde deinen Himmel aus ihr, deine geliebte Wohnung und den Ort deiner Ruhe. Nie will ich dich dort allein lassen, sondern als Ganze anwesend sein, ganz wach im Glauben, ganz Anbetung, ganz Hingabe an dein erschaffendes Wirken.
O Christus, Geliebter, aus Liebe Gekreuzigter, gern wäre ich eine Braut für dein Herz, wollte mit Verherrlichung dich überhäufen, dich so lieben, wie es dir gefällt. Doch ich fühle mein Unvermögen, und so bitte ich dich: Bekleide mich mit dir selber, eine meine Seele allen Regungen der deinen, überflute mich, erobere mich, setze dich an meine Stelle, dass mein Leben nur noch ein Strahlen des deinen sei. Komm in mich als Anbeter, Erneuerer und Erlöser. O ewiges Wort, Sprache meines Gottes, ich will mein Leben lang auf dich lauschen, mich in allem belehrbar machen, um alles von dir zu

erfahren, und durch alle Nacht, alle Leere, alle Ohnmacht hindurch immer unbeweglich auf dich schauen und unter deinem großen Lichte verharren; o mein geliebtes Gestirn, schlage mich in deinen Bann, damit ich nie mehr aus deinem Strahlenkreis heraustreten kann.
O allverzehrendes Feuer, Geist der Liebe, falle auf mich herab, damit sich meiner Seele gleichsam eine Menschwerdung des Wortes vollziehe, ich ihm eine zusätzliche Menschennatur sei, in der es sein ganzes Geheimnis erneuern kann, und du, Vater, neige dich her zu deinem armen kleinen Geschöpf, decke es zu mit deinem Schatten, erblicke in ihm nur den Vielgeliebten, in den du dein ganzes Wohlgefallen gesetzt hast.
O meine Drei, mein All, meine Wonne, unendliche Einsamkeit, Unermesslichkeit, in der ich mich verliere: Als Beute bin ich euch preisgegeben, begrabt euch in mir, auf dass ich mich begrabe in euch, bis ich endlich in eurem Lichte schauen darf die Abgründigkeit eurer Größe.

Schwester Elisabeth von der Dreifaltigkeit O. C. D.

Ich liebe das Gebet, weil es in seiner Wortwahl und seinen Formulierungen, vor allem in seinem Inhalt meiner innersten Sehnsucht und Gottesbeziehung entspricht. Ich bete es täglich – auf Anregung meines Religionslehrers hin –, seit ich 17 bin. Gerne spreche ich die Worte einleitend zur Betrachtung, auch untertags ganz oder teilweise, je nach Situation.
Der Text bündelt sofort meine ganze Aufmerksamkeit und *führt* sie direkt in Gott hinein: Schon in der Einleitung führt mich das Gebet hinein in eine tiefe innere Ruhe und in die Gegenwart Gottes.
Es führt mich mit klaren Worten – auch wieder in einer mir entsprechenden Weise – zum dreifaltigen Gott: dem Vater und dem Sohn und dem Heiligen Geist.
Schließlich führt es mich in der Zusammenfassung im letzten Absatz: »... begrabt euch in mir, auf dass ich mich begrabe in euch« zum Ziel meines Betens und Seins, zum Bleiben in Christus entsprechend Joh 15,4ff.
Es mag erstaunen, dass für mich als Zisterzienserin von Helfta mein Lieblingsgebet das einer Karmelitin ist. Ich habe aber zu meiner Freude gefunden, dass Elisabeth in den Schriften der Gertrud von Helfta sehr bewandert war und sogar eine Stelle aus Gertruds Schrift »Der Gesandte der göttlichen Liebe« zu ihrem persönlichen Gebet übernommen hat. »Gib mir ..., dass ich sogleich (nach meiner Arbeit) wieder zu dir in mein Innerstes zurückkehren kann, wie gestaute Wasser nach Entfernung der Sperre in die Tiefe stürzen.«

Agnes Fabianek O.Cist.

Schwester M. Agnes Fabianek, geboren 1941, trat nach dem Abitur in die Zisterzienserinnenabtei Mariastern ein und legte 1966 die ewige Profess ab. Dort war sie in der Noviziatsausbildung und im Kunsthandwerk tätig. Von 1968 bis 2005 leitete sie als Äbtissin das Kloster. Nach der Resignation war sie bei der Einrichtung eines neuen Klosterarchivs federführend. 2009 wurde sie als Administratorin in das Kloster St. Marien zu Helfta in Eisleben berufen und 2010 zur Priorin der Gemeinschaft gewählt.

Herr meiner Seele

Herr meiner Seele! Als du noch in dieser Welt wandeltest, hast du den Frauen immer deine besondere Zuneigung bewiesen. Fandest du doch in ihnen nicht weniger Liebe und Glauben als bei den Männern. Auch befand sich ja unter ihnen deine Heilige Mutter, deren Verdienste uns zukommen und deren Habit wir tragen. Die Welt irrt, wenn sie von uns verlangt, dass wir nicht öffentlich für dich wirken dürfen noch Wahrheiten aussprechen, um deretwillen wir im Geheimen weinen, und dass du, Herr, unsere gerechten Bitten nicht erhören würdest. Ich glaube das nicht, Herr, denn ich kenne deine Güte und Gerechtigkeit, der du kein Richter bist wie die Richter dieser Welt, die Kinder Adams; kurz, nichts als Männer, die meinen, jede gute Fähigkeit bei einer Frau verdächtigen zu müssen.

Aber es wird der Tag kommen, mein König, wo dieses alles bekannt wird. Ich spreche hier nicht für mich selbst, denn die Welt kennt meine Schwachheit, und das ist mir lieb. Aber ich werfe unserer Zeit vor, dass sie starke und zu allem Guten begabte Geister zurückstößt, nur weil es sich um Frauen handelt.

Teresa von Avila

Das Gebet von Teresa von Avila habe ich gerne und oft gebetet. Es war mir Inspiration und Ermutigung zugleich, immer dann, wenn ich Botschaften vernahm, die eine weibliche Spiritualität nicht ermöglichten. Dieses Gebet ist ein eigenes Urteil von Teresa von Avila. Der Dialog mit Gott ist unmissverständlich. Sie hat sich damit Luft gemacht. Ihr Gebet hat etwas mit ihrem Leben zu tun. Es entspricht meiner Einstellung und Sehnsucht. Sympathisch und tröstlich für mich ist auf meinem inneren Weg, dass Teresa von Avila nicht immer Mystikerin war. Sie hatte einen langen Weg zu gehen, bevor sie zu einer intensiven Gotteserfahrung gelangte. Die Entwicklung ihrer Freundschaft mit Gott gibt mir Inspiration und ist für mich eine Quelle, auf die ich nicht verzichten möchte. In manchen Exerzitien habe ich mich mit Teresa von Avila befasst und ich konnte mich der Reflexion der Ehrlichkeit ihrer Schriften und Gebete nicht entziehen.
»Ich bin ein Weib und obendrein kein gutes!« (Teresa von Avila)

Basina Kloos OSF

Schwester M. Basina Kloos, geboren 1940, ist seit 2000 Generaloberin der Waldbreitbacher Franziskanerinnen.

Du lächelst aus mir hervor und ich singe deinen Namen

Neue Gebete

Du Leben meines Lebens

Wie gut,
in deinen Augen kostbar zu sein
und in dir, dem Leben meines Lebens,
leben zu dürfen ...

Wie gut,
innezuhalten und da zu sein
und in deiner Gegenwart zu verweilen ...

Wie gut,
dass du uns »Leben und Atem und alles« gibst
und wir staunend und dankend
leben können ...

Wie gut,
mit all meinen Grenzen von dir umfangen
zu sein
und bittend mich von meiner Sehnsucht leiten
zu lassen ...

Wie gut,
offenen Auges meine Wirklichkeit zu sehen,
sie von dir anschauen zu lassen
und wahr und frei zu werden ...

Wie gut,
so, wie ich bin, von dir angenommen zu werden
und versöhnt neue Lebensmöglichkeiten zu entdecken ...

Wie gut,
immer neu meinen Alltag liebend gestalten zu dürfen
und dich in allem und alles in dir
zu suchen und zu finden ...

Willi Lambert

Für Ignatius von Loyola (1491–1556), dem Gründer des Jesuitenordens, war die »Gewissenserforschung« eine zentrale Weise seines Betens. In ihr versuchte er, die Wirklichkeit seines Lebens in den Blick zu nehmen, sie vor Gott da sein zu lassen, sie mit Seinen Augen zu sehen und in Seinem Geist zu gestalten. Berühmt ist sein »Gebet der liebenden Aufmerksamkeit«. Mit meinem Text möchte ich die Schritte der ignatianischen Gewissenserforschung als Aufmerksamkeit auf Gottes Dasein und Wirken im eigenen Leben ausdrücken. Man kann bei diesem Gebet bei jeder Strophe kurz in Stille verweilen und sie in sich nachklingen und geschehen lassen.

Willi Lambert SJ

Pater Willi Lambert, geboren 1944, gehört seit 1964 zur Ordensgemeinschaft der Jesuiten. Er war tätig als Spiritual am Germanicum et Hungaricum in Rom und als kirchlicher Assistent für die Gemeinschaft Christlichen Lebens (GCL). Er ist Seelsorger an der Jesuitenkirche St. Michael in München und Exerzitienbegleiter. Verschiedene Veröffentlichungen zu geistlichen Themen.

Adonai, Gott, Einziger du!
Schöpfer des Himmels und der Erde.

Gott Abrahams, Isaaks und Jakobs
Gott des Mose, des David und der Propheten
Gott Jesu Christi, Abba du!

Der du uns deine Weisung schenkst
und die Frohbotschaft verkündest;
der du von den Toten auferweckst
und den Heiligen Geist sendest –
ich lobe dich und preise dich,
ich sage dir Dank und bete dich an.

Ich will dir Ehrfurcht erweisen, auf dich hören,
dienen deinem Königreich;
in Armut, Keuschheit und Gehorsam,
in reiner Absicht und Vollkommenheit,
in Freude, Demut und Liebe.

Nimm mein Arbeiten, nimm mein Mühen,
mein Streben und Sehnen,
meine ganze Freiheit.
Deine Liebe und Gnade genügen mir.

Denn zum Dienst am Mitmenschen hast du
mich geschaffen,
hauchst mir den Atem ein, den Heiligen Geist,
rufst mich beim Namen, durch Jesus Christus.

Christian Rutishauser

Ein Hingabegebet darf nicht zu oft und nie leichtfertig gesprochen werden. Ich bete mein Hingabegebet – vor Jahren in der Meditation entstanden – nicht oft. Wenn ich es auf meine Lippen lege, biete ich meine Hingabe Gott an. Ob und wie er sie annehmen will, überlasse ich ihm. Dass sich zuweilen der leise Wunsch damit verbindet, Gott möge sie ausschlagen, gehört ebenso dazu wie der Zweifel zum Glauben. Dass Gott die Hingabe annimmt und sich meiner bedient, habe ich des Öfteren erfahren. Es lässt erzittern.
Ignatius von Loyola hat mich mit dem Hingabegebet am Ende seiner Exerzitien inspiriert. Wie Gott als Schöpfer mir tagtäglich das Leben schenkt, so möchte ich mich ihm zur Verfügung stellen. Dankbar antworte ich und konkret: in Armut, reiner Absicht, im Arbeiten ... Auch Gott handelt an mir konkret. Ich vergegenwärtige mir dies weniger, indem ich an die Gaben erinnere, die ich persönlich erhalten habe, obwohl es derer viele sind. Das Gebet ruft vielmehr Gottes fürsorgendes Wirken in der Heilsgeschichte in Erinnerung: die Väter und Mütter, Mose und die Propheten, Christus ... So stelle ich mich in diese Kette und berge mich in der Geschichte. Die Verbundenheit mit den jüdischen Brüdern und Schwestern bringen die Worte »Weisung« (Tora) und »Adonai« (die Anrufung, die für den Gottesnamen Jahwe steht) zum Ausdruck. »Abba« ist die Anrufung Gottes durch Jesus, die »Frohbotschaft«, das Evangelium, ist sein Geschenk. In der Kraft des Heiligen Geistes und in der persönlich verantworteten Nachfolge Jesu Christi schließt das Gebet. Nicht einem abstrakten Gottesbegriff gilt die Hingabe, sondern dem einen und dreieinen Gott der Heiligen Schrift.

Christian Rutishauser SJ

Pater Dr. Christian M. Rutishauser, geboren 1965, ist Jesuit und Bildungsleiter des Lassalle-Hauses in Bad Schönbrunn. Die Schwerpunkte seiner Arbeit liegen im Bereich christliche Spiritualität, Exerzitien, Kontemplation und interreligiöser Dialog. Neben diversen Lehraufträgen für jüdische Studien pflegt er eine rege Vortragstätigkeit. Verschiedene Veröffentlichungen zu geistlichen Themen.

Du bist mir alles

Alles bist du mir und mein,
JESUS; Herz und Seele mein
endlich fest umfangen dich,
niemals lass ich von mir dich.
Für dich leb' ich, liebe dich,
voller Freud' verberg' ich mich
ganz bei dir; was ich begehrt,
ist in dir mir nun beschert.
Von den Lippen, aus dem Herz
tönt mein Jubel himmelwärts.
Dir sing ich, Geliebter mein.
Ja, durch dich, in dir allein,
mit dir, Herr, nichts mangelt mir
und der Winter flieht von hier.

Walburga Storch

Von meinem guten Vater erbte ich die Liebe zum Latein und zur Liturgie der Kirche. Als unsere Familie nach der Vertreibung aus der Heimat im Sudetenland in Königstein im Taunus wieder glücklich zusammenfand, schloss ich mich mit meiner jüngeren Schwester der dortigen Gruppe der Katholischen Jugend an. Mit dieser gelangte ich auf einer Wanderung zur Abtei St. Hildegard am Rhein. Auf meine Bitte durfte ich ein halbes Jahr nach meinem Abitur an der Königsteiner Ursulinenschule dort eintreten. So kam ich zum Ziel meiner Sehnsucht nach einem kontemplativen Ordensleben nach der Regel des heiligen Benedikt. In den Sechzigerjahren regte mich das Psalmengebet des Offiziums an, eigene lateinische Gebete zu verfassen. Der 17./18. Psalm, der mit »Diligam Te« (»Ich möchte dich lieben«) beginnt, wurde mein Professspruch und Vorbild. Später versuchte ich, meine lateinischen Gedichte ins Deutsche zu übersetzen. Anregung für manches fand ich gelegentlich in den Konferenzen meiner geistlichen Mutter, der zweiten Äbtissin unseres Klosters. In manchen Situationen greife ich gern zu diesen Gebeten meiner »Sturm- und Drangzeit« und konnte auch einigen Menschen damit Freude bereiten und Trost vermitteln.

Walburga Storch OSB

Schwester Walburga Storch, geboren 1930, trat nach dem Abitur in die Benediktinerinnenabtei St. Hildegard in Rüdesheim ein und legte 1957 die Ewige Profess ab. Neben dem Chorgebet und kleineren Diensten leistet sie Übersetzungsarbeiten alter Schriften.

Fürbitte

Vor Gott stehen wir ein
für die von der Habgier zerstörte Natur
für das der Gier geopferte Tier
für die durch Gewalt und Macht
zertretene Würde

Vor Gott schreien wir
mit dem Pelikan in seinem Todeskampf
gegen Öl und Korruption
mit der lebend gehängten Kuh
gegen Rohheit und Gewalt
mit der vollgestopften Gans
gegen Fresslust und gewissenlose
Gaumenfreude

Vor Gott vertreten wir klagend
die abgeschlachteten Wale und Delfine
die erschlagenen Robben und Füchse (Pelztiere)
die Tiere auf dem unendlichen Weg
zu fernen Schlachthöfen

Vor Gott rufen wir ins Gedächtnis
Die Tiere haben Würde, haben Rechte
Die Natur ist die Voraussetzung des Lebens
Mensch ist nur Mensch,
wenn Tiere ihre Würde und ihr Recht haben
und wenn sich die Natur entfalten kann

Anton Rotzetter

Diese Fürbitte ist nicht das Gebet, das mir am meisten bedeutet. Das Vaterunser, die Psalmen und Hymnen des Stundengebetes sind mir seit über 50 Jahren ans Herz gewachsen. Nur sehen wir über die Ungeheuerlichkeiten, die darin stehen, großzügig hinweg. Da steht: »Gott, du hilfst Menschen und Tieren« (Ps 36,7) – ohne dass wir unser Essverhalten hinterfragen. Und gedankenlos sprechen wir in der ersten Vesper von Christi Himmelfahrt: »Da kam dein Zorn, die Zeit ..., alle zu verderben, die die Erde verderben« (Offb 11,18). Solange wir aber nicht begreifen, was wir sagen, beten wir nicht wirklich!
Meine »Fürbitte« wird den einen oder die andere schockieren. Aber sie stimmt mit biblischem Beten überein. Stein, Blume und Tier dürfen nicht als bloße Gebrauchs- bzw. Konsumgegenstände betrachtet werden. Sie sind zuerst und vor allem um ihrer selbst willen da, Geschöpfe, die den Lichtglanz Gottes zum Strahlen bringen, lebendige Wesen, denen wir ehrfürchtig begegnen sollen, Schwestern und Brüder, mit denen zusammen wir – so sagen die Bibel und Franz von Assisi – Gott loben und preisen. Franziskus sieht in ihnen sogar eine größere Kultfähigkeit gegeben als beim Menschen: »Kein Mensch ist würdig, Dich zu nennen«, sagt er im Sonnengesang. Und dann ruft er Sonne und Mond, Wind und Wasser, Feuer und Erde, Tod und Leben zum Lob Gottes auf. Dass wir dann umgekehrt auch für die Opfer menschlicher Gier eintreten, wäre eine der hervorragenden Aufgaben der Beterinnen und Beter.

Anton Rotzetter OFM Cap.

Pater Anton Rotzetter, geboren 1939, studierte Theologie und Philosophie in Solothurn, Bonn und Tübingen. Der Kapuziner war von 1988 bis 1998 Präsident der Franziskanischen Akademie. Er arbeitet als Schriftsteller und Dozent und lebt in Freiburg in der Schweiz.

Du lächelst aus mir hervor
und ich singe
deinen Namen,
Namenloser, in die Nacht.
In deinem Wachen schlafe ich
und in deinem Schlaf wache ich.
Dein Sehen glüht aus meinen Augen,
dein Leib leuchtet in meinem Leib,
aus meinem Mund kommt dein Wort.
Dein Duft bist du in mir.
Ohne Wissen sehe ich unter mir
das Gewand liegen,
das du gefordert hast.
Nackt bin ich auch,
du Universum meiner namenlosen
Seele.
In deiner Liebe hast du mich verbrannt
bis ich schwarz wurde in deinem Licht
und gelassen in meinem Du.

Ursula Albrecht

Lange kannte ich kein einziges Gebet. Lange war mein Gebet eine tränenreiche Bitte. Lange war mein Gebet ein dringendes Danke. Bis sich beides in Zeiten der tiefen inneren Not und der ebenso hohen Freude, von mir zunächst unbemerkt, davonmachte und mein Gebet zu einem »Sein im Jetzt« wurde. Es ist ein Sehen mit den inneren Augen. Ein Sehen nach innen, ein Durch-alles-Äußere-hindurch-Sehen – hinein – in eine wortlose Gottesversenkung. Denn da, wo Höhe und Tiefe in der tiefsten Demut eins sind, gibt es ein inneres Hinausgehen aus der Person und dem Zeitbedingten in die Ewigkeit, die für mich schwarz ist, weil sie blendet.

Ursula Albrecht T.OCarm

Ursula Albrecht, geboren 1950, ist Tertiarin im Karmelitenorden, Novizenleiterin und Gründerin des Projektes »theaterderstille« (www.theaterderstille.de). Nach ihrer Schauspielausbildung in München spielte sie am Stadttheater Augsburg und an den Kammerspielen in München. Von 1990 bis 2007 war sie Dozentin für szenische Improvisation und Sprecherziehung an der Hochschule für Musik in Köln. Parallel hatte sie einen Lehrauftrag für angewandte Rhetorik am Collegium Albertinum in Bonn. Seit 2007 arbeitet sie freiberuflich. Sie ist verheiratet und lebt im Schwarzwald.

Ich setze auf die Liebe

Gebete von Dichtern und Denkern

Das Geheimnis, das(s) ich bin ...

Gott,
immerfort empfange ich mich
aus deiner Hand.
So ist es und so soll es sein.
Das ist meine Wahrheit und
meine Freude.
Immerfort blickt dein Auge mich an,
und ich lebe aus deinem Blick.
Du, mein Schöpfer, und mein Heil.
Lehre mich,
in der Stille deiner Gegenwart
das Geheimnis zu verstehen,
das ich bin.
Und dass ich bin durch dich und vor
dir und für dich.

Romano Guardini

Zum ersten Mal habe ich dieses Gebet im Rahmen von Exerzitien kennengelernt. Auf Anhieb hat es mich berührt. Eine Woche lang ging es nur um dieses Gebet. Danach war es auf meiner »geistlichen Festplatte« gespeichert. Ich spüre ein großes Gefühl von Dankbarkeit, wenn ich bete, dass ich mich aus Gottes Hand empfange. Das Wort »immerfort« ist dynamisch, es ist kein einmaliger Vorgang. Es ist ein ständiges Geschehen. Das ist eben so – und so soll es sein. Diese Worte sind bestechlich. Sie haben etwas Verbindliches und Gewisses. Untrüglich, möchte ich fast sagen. Aber es ist mehr: Es ist wahrhaftig und macht mich froh. Ich verdanke mich Gott! Das kann nur ein gläubiger Mensch so sehen, der irgendwann verstanden hat, dass er nicht alles selbst machen muss, sondern dass es noch jemanden gibt, »etwas« über ihm, ein »Mehr« in seinem Leben – Gott. Und genau dieser Gott ist es, der mich anblickt, mir Ansehen schenkt. Wir werden so oft übersehen in unserem Leben, Menschen gehen an anderen vorüber, schenken ihnen keinen Augen-Blick. Gott sieht an, er schenkt Ansehen. Ich denke dann immer an den Wortwechsel zwischen einem Bauern und dem Pfarrer von Ars, der uns überliefert ist. Auf die Frage des Pfarrers, wie er vor dem Allerheiligsten beten würde, antwortete der Bauer: »Er sieht mich an, ich sehe ihn an!« – Aus diesem Ansehen kann der Mensch leben, es ist ein liebender, wertschätzender Blick des Schöpfers auf sein Geschöpf. Dieser Blick führt mich hinein in die Tiefe des Schweigens. Die Stille ist die Werkstatt Gottes in meinem Leben. Der Zeitraum der Stille ist der Moment der Begegnung mit ihm. In diesem intimen Moment verstehe ich das Wesentliche meiner Existenz: Ich bin selbst das Geheimnis und dass ich lebe, ist ein Geheimnis. Das Spiel mit dem einen »s« bringt es in die Gestalt des Wortes: »Das Geheimnis, das(s) ich bin.«

Jeremias Müller OSB

Pater Jeremias Müller, geboren 1969, wurde 1997 in Trier zum Priester geweiht. Von 1997 bis 2009 war er als Diözesanpriester in mehreren Pfarreien und arbeitete als Schulseelsorger und Religionslehrer. Der Gestalttherapeut und Bibliodramaleiter trat 2009 in die Benediktinerabtei Admont ein. Dort ist er als Spiritual des Geistlichen Zentrums Kafarnaum und des Stiftsgymnasiums tätig und Pfarrer zweier Pfarreien des Großsölktales. Er ist Autor mehrerer Bücher und biblischer Musicals (eigene Homepage: www.martyria.de).

Im Ursprung
erschaffen
Du
aus Seiner Hand
entlassen
in Freiheit
von Seiner Hand
gesegnet
ergriffen
Ihr
scheinbar entfallen
von Seiner Hand
geborgen
eingeschrieben
für immer
IN SEINE HAND

Helga Unger

Manchmal entdecke ich einen neuen Text und versuche, ihn zum Lieblingsgebet zu machen. So hat mich vor Kurzem ein Gedicht der Münchner Schriftstellerin Helga Unger berührt. Zum Gebet wird solch ein Text, indem ich ihn in eine Anrede Gottes verwandle. Also: von deiner Hand – in deine Hand. Im Segenswort des Anfangs ist alles enthalten: die Welt und ihre Entwicklung durch Milliarden von Jahren, unsere kleine Erde und auch ich ganz persönlich. Aus deiner Hand bin ich geschaffen und zugleich entlassen in Freiheit. Denn wir sind keine Marionetten in deiner Hand, sondern sind verwoben in die Geschichte freier Entscheidungen – auch zum Nein, zum Dunkel, zum Tod. Beim Blick in die Geschichte deines Volkes erkenne ich, dass wir von deiner Hand gesegnet und immer neu ergriffen werden. Scheinbar sind wir deiner Hand entfallen, dem Unheil ausgesetzt, verloren. Sooft wir uns auch deiner führenden Hand entziehen – ich darf deine Hand immer wieder neu entdecken, mich in sie hineingeben. Ich darf dir glauben, dass ich für immer in sie eingeschrieben bin. Ich danke dir, dass ich ihre bergende Kraft erfahre. Immer wieder will ich Ja sagen zu deinem Ja zu mir und zur Welt, zu deiner mütterlichen, väterlichen Hand.

Odilo Lechner OSB

Pater Dr. Odilo Lechner, geboren 1931, ist Benediktiner und lebt in München. Von 1964 bis 2003 war er Abt der Klöster Andechs und St. Bonifaz in München. Verschiedene Veröffentlichungen zu geistlichen Themen.

Gib, dass ich tu mit Fleiß,
was mir zu tun gebühret,
wozu mich dein Befehl
in meinem Stande führet.
Gib, dass ich's tue bald,
zu der Zeit, da ich soll,
und wenn ich's tu', so gib,
dass es gerate wohl.

Johann Heermann

Es war Liebe auf das erste Hören. Als mir vor fast 50 Jahren das Lied »O Gott, du frommer Gott« (hier die zweite Strophe) bei einer Musikfreizeit begegnete, hat die Musik mein Herz berührt. Seither habe ich es ungezählte Male gesungen, die Bass-Stimme des vierstimmigen Satzes von Johann Sebastian Bach kenne ich auswendig. Der Text gehörte für mich wie selbstverständlich zur Melodie und prägte sich mit ihr ein – vielleicht gerade weil er anders sprach als wir Jugendlichen damals. Er wirkte wie ein Wanderer aus einem fernen Land. Und er wanderte mit mir weiter, oft unbemerkt, kam aber immer wieder zum Vorschein und zum Klingen, wenn ich Freunde aus dem Singkreis traf.
Irgendwann trat der Text als festes Gebet an das Ende meiner Meditationszeit. Mit dieser zweiten Strophe seines Liedes »O Gott, du frommer Gott, du Brunnquell guter Gaben« baut mir nun seit Jahren der barocke Pfarrer und Dichter jeden Morgen die Brücke von der Stille in die Arbeit: Ich will sie gut tun und gern; aber ich kenne auch die Versuchung, die Dinge vor mir herzuschieben, und ich weiß, dass ich das Gelingen nicht herbeizwingen kann. Das Gebet lädt mich ein zum Vertrauen und gibt meiner Hoffnung Worte: Du zeigst mir auch heute meinen Platz und deinen Auftrag. Du schlägst meinem Tun und Lassen den Takt. Du kannst und willst mein Leben fruchtbar machen. Wie die Menschen, die das Lied vor bald 400 Jahren gesungen haben, darf ich mich und meine Tage unter den Segen Gottes stellen. Er hat nicht nur die Hand im Spiel. Er hält das Spiel in seiner Hand.

Albert Schmidt OSB

Pater Dr. Albert Schmidt, geboren 1948, ist Benediktiner und lebt in Beuron. Er engagiert sich als Schriftleiter von »Erbe und Auftrag. Benediktinische Zeitschrift. Monastische Welt« und ist seit 2008 Abtpräses der Beuroner Benediktinerkongregation.

Jungfrau, Patronin und Mutter
dieses Hauses ...
Lass nicht zu, dass ich für dieses
Haus, dessen Eingang du, erhabene
Türhüterin, bewachst,
Grund zum Verderben werde!
Lass nicht zu, dass ich den Namen,
den zu tragen du mir gabst,
beflecke und in den Augen derer,
die mich lieben, unwürdig werde.
O große, schreckliche Mutter!

Paul Claudel

In großen Graffiti-Buchstaben ist dieses Gebet beim Eingang meines Klosters, des Stiftes Heiligenkreuz, angebracht. Es stammt aus dem Drama »Der Seidene Schuh« des französischen Dichters Paul Claudel. Seit meiner Einkleidung bete ich es täglich, wenn ich meinen Habit, das Ordensgewand, anziehe.
Paul Claudel (1868–1955) legt diese Bitte der Doña Proëza in den Mund: Als verheiratete Frau wird sie leidenschaftlich von Don Rodrigo umworben, in den sie ihrerseits verliebt ist. Doña Proëza will aber ihrer Ehe treu bleiben und übergibt der Jungfrau Maria einen Seidenen Schuh als Zeichen ihrer Entschlossenheit: »Jungfrau Maria, wahre in deiner Hand meinen Fuß! Doch wenn ich versuche, mich ins Böse zu stürzen, dann sei es mit hinkendem Fuß!«
Heiligenkreuz ist wie jedes Zisterzienserkloster Maria geweiht; im Deckengewölbe unserer barocken Klosterpforte ist die Gottesmutter als Pförtnerin dargestellt, sodass jeder Eintretende »durch sie hindurch« das Kloster betritt. Daneben ist die Inschrift, die von dem Künstler Karl Steiner (1902–1981) stammt, der heißblütiger Kommunist gewesen war. Unter dem Einfluss von Abt Karl Braunstorfer (1895–1978), für den ein Seligsprechungsprozess läuft, trat Steiner wieder in die Kirche ein und widmete sich fortan ausschließlich der christlichen Kunst.
Wenn ich den Habit überziehe, der »mein Haus« ist, so bitte ich Gott, dass ich meiner Berufung treu bleibe bis zum Tod. Durch die Hilfe der Muttergottes! Ich erneuere meine Gelübde und danke für die Liebe der Menschen, die mich durch ihre Zuneigung tragen.

Karl Wallner O.Cist.

Pater Dr. Karl Wallner, geboren 1963, trat 1982 in das Zisterzienserkloster Heiligenkreuz ein. Er studierte an der Universität Wien sowie an der Hochschule Heiligenkreuz. Dort lehrt er nun als Professor für Dogmatik und Sakramententheologie. Außerdem ist er Jugendseelsorger des Stiftes und Verantwortlicher für die Öffentlichkeitsarbeit. 2008 wurde er mit der Gregorianik-CD »Chant – Music for Paradise« einer breiteren Öffentlichkeit bekannt. Er ist ein gefragter Referent und Autor verschiedener Bücher zu spirituellen Themen.

Ich setze auf die Liebe

Wenn Sturm mich in die Knie zwingt
Und Angst in meinen Schläfen buchstabiert
Ein dunkler Abend mir die Sinne trübt
Ein Freund im anderen Lager singt
Ein junger Mensch den Kopf verliert
Ein alter Mensch den Abschied übt

Das ist das Thema
Den Haß aus der Welt zu entfernen
Und wir bereit sind zu lernen
Daß Macht Gewalt Rache und Sieg
Nichts anderes bedeuten als ewiger Krieg
Auf Erden und dann auf den Sternen

Die einen sagen es läge am Geld
Die anderen sagen es wäre die Welt
Sie läg in den falschen Händen
Jeder weiß besser woran es liegt
Doch es hat noch niemand den Haß besiegt
Ohne ihn selbst zu beenden

Er kann mir sagen was er will
Und kann mir singen wie er's meint
Und mir erklären was er muß
Und mir begründen wie er's braucht
Ich setze auf die Liebe! Schluß.

Hanns Dieter Hüsch

Ich glaube an fast gar nichts. Nicht an Regeln, nicht an Glaubenswahrheiten, nicht an hochheilige Positionen, die nur dazu dienen, sich von anderen abzuheben und abzugrenzen, nicht an Wörter und Sätze, in denen Gott eingesperrt werden soll. Die Liebe erlaubt es nicht, sich einen eigenen gezähmten Hausgott zu schnitzen, den ich bloß in der Kirche besuchen kann und der mir zum Verwechseln ähnlich sieht. Die Liebe drängt darauf, den noch unbekannten Gott zu entdecken in der Gemeinschaft von Menschen, die alle anders sind und in denen sich die Vielfältigkeit Gottes erahnen lässt. Die Liebe ist es, die immer wieder erahnen lässt, wie sehr wir einander brauchen und wie viel wir verlieren, wenn wir einander zu besiegen statt zu begegnen versuchen. Gott wird in der Welt nur durch die Liebe sichtbar. Nur die Liebe ist Gotteserfahrung. In dem Moment, in dem ich davon abrücke, fängt Gott an, mir fremd zu werden, wird zum Objekt von Überlegungen, zum Alliierten meiner eigenen Urteile und Vorurteile, zum Lieferanten gefühlten, aber nicht gelebten Glaubens und hört immer mehr auf, Gott zu sein.

»Ich setze auf die Liebe« – manchmal als Erfahrung, manchmal als schmerzhafte Sehnsucht, aber immer echt.

Ansgar Wiedenhaus SJ

Pater Ansgar Wiedenhaus, geboren 1971, ist Jesuit, Cityseelsorger und Leiter der Offenen Kirche St. Klara in Nürnberg.

Morgengebet

O wunderbares, tiefes Schweigen,
Wie einsam ists noch auf der Welt!
Die Wälder nur sich leise neigen,
Als ging' der Herr durchs stille Feld.

Ich fühl mich recht wie neu geschaffen,
Wo ist die Sorge nun und Not?
Was mich noch gestern wollt erschlaffen,
Ich schäm' mich des im Morgenrot.

Die Welt in ihrem Gram und Glücke
Will ich, ein Pilger, frohbereit
Betreten nur wie eine Brücke
Zu Dir, Herr, über'n Strom der Zeit.

Und buhlt mein Lied, auf Weltgunst lauernd,
Um schnöden Sold der Eitelkeit:
Zerschlag mein Saitenspiel, und schauernd
Schweig ich vor Dir in Ewigkeit.

Joseph Freiherr von Eichendorff

In der inneren Logik des klösterlichen Lebens schöpft man aus dem einzigartigen Gebet der Psalmen und aus dem auf übernatürliche Weise schönen Gregorianischen Choral, der ältesten abendländischen und dazu musikalischen Meditation der Bibel.

Trotzdem bleibt man aber immer der, der man ist; leider – aber auch Gott sei Dank! Wer ins Kloster geht, um vor sich selbst zu fliehen, wird vermutlich scheitern. Jedenfalls fühle ich mich dem Oberschlesier Joseph Freiherr von Eichendorff auf mehrfache Weise ganz tief und innerlich verbunden. Von Kindheit an sehe ich die Natur mit den Augen dieses Dichters und erlebe viele seiner Gedichte als ganz innige Gebete. Ich »sehe« dazu Bilder von Caspar David Friedrich und »höre« innerlich Melodien von Franz Schubert. Aber auch mein Beten bewegt sich oft in Worten und Rhythmen von Eichendorff. Es leuchtet ein, dass dahinter die Spiritualität von Angelus Silesius mitschwingt; und wiederum gibt es hier heimatliche Relationen.

Dabei erlebe ich mich als Flüchtling – ich war gerade zwei Jahre alt, als mich meine Mutter aus Schlesien wegtragen musste – erlebe mich also irgendwie als heimatlos! Und gerade deshalb ist die dritte Strophe des »Morgengebets« für mich und mein Leben existenziell prägend. In all dem Gram der Welt habe ich doch mehr noch für so viel Glück zu danken und bin so froh, weil ich mich als von Gott beschenkt sehe. Welch geniales Bild, wenn wir die Welt als schöne, aber auch zerbrechlich-vergängliche Brücke erkennen, die quer zur Zeit liegt, die wiederum rauschend oder murmelnd unter uns dahinfließt. Pilger, sei froh – deine Heimat ist der Himmel!

Gregor Ulrich Henckel Donnersmarck O.Cist.

Pater Gregor Ulrich Henckel Donnersmarck, geboren 1943, besuchte die Hochschule für Welthandel in Wien und wurde zunächst Diplomkaufmann. Von 1970 bis 1977 arbeitete er für verschiedene Firmen, bis er dann in das Zisterzienserkloster Heiligenkreuz eintrat. An der dortigen Hochschule studierte er Theologie und wurde 1982 zum Priester geweiht. In den folgenden Jahren war er Prior in einem Kloster bei Graz, Assistent des Generalabtes der Zisterzienser in Rom und Nationaldirektor von Missio Austria. Von 1999 bis 2011 leitete er als Abt das Kloster Heiligenkreuz.

Gott, du mein Gott, dich suche ich

Beten mit den Worten der Bibel

Gott, du mein Gott, dich suche ich; meine Seele dürstet nach dir.

Psalm 63,1

Seit nahezu 30 Jahren gehört dieses Psalmwort zu meinem geistlichen Reiseproviant. Was aber macht dieses Wort für mich so bedeutsam? Was trägt es in sich, dass es mich immer wieder anrührt? Es gibt Zeiten, in denen mich dieses Wort bestätigt und froh macht. Zeiten, in denen ich spüre: Ja, ich bin auf dem Weg, ich bin ein Gottsucher und verlange nach Gott, von dem letzte Erfüllung kommt. Das sind die Zeiten, in denen ich tiefen inneren Frieden erfahre und in Balance bin. Es gibt aber auch andere Zeiten und Situationen. Zeiten, in denen mir diese Psalmworte routinemäßig über die Lippen gehen und ich mich nachher frage: Stimmt dein Leben mit dem Gebet deiner Lippen überein? Suchst du *Ihn* wirklich? Brennt in dir die Sehnsucht nach Gott? Suchst du ihn auch im Auf und Ab des Alltags, in den vielen Begegnungen mit Menschen unterschiedlichster Art? Lässt du Gott dabei sein auf den vielen Schauplätzen deines Lebens?
»Gott, du mein Gott, dich suche ich; meine Seele dürstet nach dir« – dieses Wort fordert mich heraus und ermutigt mich, Gott im Vielerlei des Lebens zu suchen: ob ich die Heilige Schrift lese oder ob ich Menschen begegne, ob ich in der Natur bin oder mit meiner Gemeinschaft bete und die Eucharistie feiere. Gott ist gegenwärtig und es liegt an mir, mich in seine Gegenwart zu versetzen, ihn zu suchen und darin nicht nachzulassen und immer wieder anzufangen. So, glaube ich, geschieht im Laufe meines Lebens Verwandlung.

Rhabanus Petri OSB

Pater Rhabanus Petri, geboren 1963, ist Missionsbenediktiner. Seit Juni 2007 leitet er als Abt die Benediktinerabtei Schweiklberg.

Beständig ist mir der Herr vor Augen; er steht mir zur Rechten, nie werde ich wanken.

Psalm 16,8

Ich erinnere mich noch gut an meinen ersten Gastaufenthalt in der Abtei Königsmünster vor über 30 Jahren. Ich studierte damals als Priesteramtskandidat der Erzdiözese Köln Theologie in Bonn und war durchaus mit dem Stundengebet vertraut. Dennoch faszinierte mich vor allem der Antwortgesang auf die Kurzlesung während des Mittagsgebetes. »Beständig ist mir der Herr vor Augen; er steht mir zur Rechten, nie werde ich wanken.«
»Das ist es!«, dachte ich damals. Die Vorstellung, in der ständigen Gegenwart Gottes zu leben, empfand ich als erstrebenswertes Ziel. Inzwischen, 27 Jahre nach meinem Klostereintritt, weiß ich, dass dies ein Ziel ist, auf das ich mein Leben lang zugehen werde ...
Der heilige Benedikt schreibt in seiner Regel, dass das Kloster »eine Schule für den Dienst des Herrn« ist (RB Prol 45) – ein Leben lang, möchte ich ergänzen. Nur wenigen Menschen ist es gegeben, in der im Psalmvers beschriebenen »personalen Bundesgemeinschaft mit Jahwe« (Alfons Deissler) zu leben. Ich erfahre oft genug die Zerrissenheit und Dissonanz in mir, die mich von Gott trennt. Und dennoch stellt mir dieser Vers immer wieder das Ideal vor Augen. Und gerade in Zeiten der Niedergeschlagenheit baut dieser Vers mich wieder auf – erst recht, wenn er mit dem nachfolgenden Vers verknüpft erklingt: »Darum freut sich mein Herz, meine Seele ist fröhlich.«
Gott als Quelle des Lebens zu suchen, aus der heraus ich leben kann, bleibt eine lebenslange Aufgabe!

Nikolaus Nonn OSB

Pater Nikolaus Nonn, geboren 1956, ist Theologe, Kirchenmusiker und Exerzitienleiter. 1984 trat er in die Benediktinerabtei Meschede ein und wurde 1988 zum Priester geweiht. Er arbeitet als Dozent für Gregorianik und Liturgik und war viele Jahre verantwortlich für den Aufbau und die Leitung der Buch- und Kunsthandlung der Abtei. Seit 2007 ist er zuständig für die Öffentlichkeitsarbeit der Abtei.

Herr, du hast mich erforscht und du kennst mich. Ob ich sitze oder stehe, du weißt von mir. Von fern erkennst du meine Gedanken.
Ob ich gehe oder ruhe, es ist dir bekannt; du bist vertraut mit all meinen Wegen.
Noch liegt mir das Wort nicht auf der Zunge – du, Herr, kennst es bereits.
Du umschließt mich von allen Seiten
und legst deine Hand auf mich.
Zu wunderbar ist für mich dieses Wissen,
zu hoch, ich kann es nicht begreifen.
Wohin könnte ich fliehen vor deinem Geist,
wohin mich vor deinem Angesicht flüchten?
Steige ich hinauf in den Himmel, so bist du dort; bette ich mich in der Unterwelt, bist du zugegen.
Nehme ich die Flügel des Morgenrots
und lasse mich nieder am äußersten Meer,
auch dort wird deine Hand mich ergreifen
und deine Rechte mich fassen.
Würde ich sagen: »Finsternis soll mich bedecken, statt Licht soll Nacht mich umgeben«,
auch die Finsternis wäre für dich nicht finster,
die Nacht würde leuchten wie der Tag,
die Finsternis wäre wie Licht.

Denn du hast mein Inneres geschaffen,
mich gewoben im Schoß meiner Mutter.
Ich danke dir, dass du mich so wunderbar
gestaltet hast. Ich weiß: Staunenswert sind
deine Werke.
Als ich geformt wurde im Dunkeln,
kunstvoll gewirkt in den Tiefen der Erde,
waren meine Glieder dir nicht verborgen.
Deine Augen sahen, wie ich entstand,
in deinem Buch war schon alles verzeichnet;
meine Tage waren schon gebildet,
als noch keiner von ihnen da war.
Wie schwierig sind für mich, o Gott, deine
Gedanken, wie gewaltig ist ihre Zahl!
Wollte ich sie zählen, es wären mehr als der
Sand. Käme ich bis zum Ende, wäre ich noch
immer bei dir.
Erforsche mich, Gott, und erkenne mein Herz,
prüfe mich, und erkenne mein Denken!
Sieh her, ob ich auf dem Weg bin, der dich
kränkt, und leite mich auf dem altbewährten
Weg!

Psalm 139,1–18.23–24

Oft, ja viel zu oft, ist dieser wunderbare Psalm als das große Gedicht des alles kontrollierenden Gottes, der uns Tag und Nacht beobachtet, um dann beleidigt, gekränkt oder gar strafend zu reagieren, missverstanden worden. Ich habe diesen Psalm, seit ich denken kann, immer ganz anders verstanden: nämlich als ein ganz und gar vertrauensvolles Loblied auf die gütige und liebende Vorsehung und Führung Gottes. Ich erinnere mich, dass ich schon als Kind in schwierigen und schweren Situationen, immer dann, wenn ich mich selbst nicht mehr verstand und die anderen mich nicht verstanden, einzelne Verse dieses Psalms vor mich hinrezitiert habe: *Herr, du hast mich erforscht und du kennst mich. Ob ich sitze oder stehe, du weißt von mir. Du umschließt mich von allen Seiten und legst deine Hand auf mich.* Das Beten solcher Psalmverse ist für mich die beste Möglichkeit, mit Gott und meinem tiefsten Inneren in Kontakt zu kommen. Vor Gott darf ich sein, wie ich bin, bei ihm bin ich geborgen, bedingungslos auf- und angenommen. Wie wunderbar ist eine solche Gewissheit und wie viel Kraft und Licht strömt von ihr aus. Der Psalter ist nicht nur das Gebetbuch der Kirche, sondern viel länger auch schon das Gebetbuch Israels. Auch Jesus hat also diesen Psalm 139 einst gebetet. Wie oft mag ihm wohl der Vers durch den Kopf gegangen sein: *Wie schwierig sind für mich, o Gott, deine Gedanken, wie gewaltig ist ihre Zahl!* Wenn es dunkel wird und unbegreiflich, wenn ich Antworten suche und das große »Warum« mir brutal vor Augen steht, wenn ich fliehen möchte bis ans *äußerste Meer*, dann klinke ich mich ein in diese Heilsworte der Bibel und lasse mich fallen in das unbegreifliche Geheimnis dieses großen Gottes. So ist mir der Psalm 139 zu eine Art Schutzmantel geworden, der mich umhüllt, der mich tröstet und mir Mut macht, der meine Lebensfreude und meine Dankbarkeit beflügelt, und der vor allem mein Vertrauen in Gottes liebendes Geleit jeden Tag erneuert: *Käme ich bis zum Ende, so wäre ich immer noch bei dir.*

PHILIPPA RATH OSB

Schwester Philippa Rath, geboren 1955, ist Benediktinerin der Abtei St. Hildegard in Rüdesheim am Rhein. Sie ist Historikerin, Theologin und Logotherapeutin und war vor ihrem Klostereintritt in verschiedenen Medien als Redakteurin tätig. Sie ist verantwortlich für die Klosterstiftung Sankt Hildegard und die Öffentlichkeitsarbeit. Außerdem begleitet sie Menschen in Krisen- und Konfliktsituationen auf ihrem geistlichen Weg.

Herr, unser Herrscher, wie gewaltig ist dein
Name auf der ganzen Erde;
über den Himmel breitest du deine Hoheit aus.
Aus dem Mund der Kinder und Säuglinge
schaffst du dir Lob, deinen Gegnern zum Trotz;
deine Feinde und Widersacher müssen
verstummen.
Seh' ich den Himmel, das Werk deiner Finger,
Mond und Sterne, die du befestigt:
Was ist der Mensch, dass du an ihn denkst,
des Menschen Kind, dass du dich seiner
annimmst?
Du hast ihn nur wenig geringer gemacht als
Gott, hast ihn mit Herrlichkeit und Ehre
gekrönt.
Du hast ihn als Herrscher eingesetzt über das
Werk deiner Hände, hast ihm alles zu Füßen
gelegt:
All die Schafe, Ziegen und Rinder
und auch die wilden Tiere,
die Vögel des Himmels und die Fische im Meer,
alles, was auf den Pfaden der Meere dahinzieht.
Herr, unser Herrscher, wie gewaltig ist dein
Name auf der ganzen Erde!

Psalm 8

Zu einem meiner Lieblingsgebete wurde Psalm 8 während meiner Zeit als Diakon 1985, denn ich entdeckte den Psalm nicht nur als Predigtstoff für die Feier der Taufe, sondern auch als *mein* Gebet. Der Psalm erinnert mich immer wieder an die Größe Gottes und wie spektakulär es eigentlich ist, dass dieser starke und geheimnisvolle Gott dem Menschen eine solch grandiose Würde verliehen und eine solch große Verantwortung übertragen hat. Diese Verantwortung besteht darin, der verliehenen Herrlichkeit und Ehre gemäß zu handeln in der Beziehung zu den Mitmenschen, die mit gleicher Würde ausgestattet sind, und in der Beziehung zur Schöpfung.

Der Psalm verknüpft die Größe Gottes und die Würde des Menschen, d.h. wer Gott kleinmacht, ihn verniedlicht, ihn auf eine begreifbare und logische Größe reduziert oder ihn zur geheimnisvollen Kraft degradiert, der tut auch dem Menschen etwas an. Das gilt auch umgekehrt, denn Gott wird nicht größer, sondern kleiner, wenn man den Menschen, dem Gott unverwechselbare Würde geschenkt hat, klein- oder schlechtmacht.

Für mich ist Psalm 8 ein Gebet, das immer wieder den Kontakt mit den fundamentalen Verhältnissen zwischen Gott und Mensch und Welt herstellt. Das relativiert und korrigiert manches Alltagsgeschäft bzw. hilft, den größeren Horizont im Blick zu behalten.

Psalm 8 ist Ausdruck meines Dankes an diesen Gott, dass er so groß ist und so groß bleibt und sich in seiner Größe dem Menschen – also auch mir persönlich – zuwendet. Das habe ich mir nicht verdient, es ist ein Geschenk.

Michael Plattig O.Carm.

Pater Dr. Michael Plattig, geboren 1960, ist Karmelit und Professor für Theologie der Spiritualität. Er leitet das Institut für Spiritualität an der Philosophisch-Theologischen Hochschule Münster und ist außerdem Spiritual der Mauritzer Franziskanerinnen.

Herr, Jesus Christus, Sohn des lebendigen Gottes, erbarme dich meiner!

Lukas 18,13

Diese Worte, die der Zöllner im Tempel reumütig sprach, sind nicht nur *mein* Herzensgebet, sie werden in der christlichen Tradition seit Langem mit diesem Namen bezeichnet. In seiner Kürze und Dichte entspricht mir dieses Gebet sehr – es sind Worte der Heiligen Schrift, voller Kraft und Wirkung. Sie helfen mir Tag für Tag, innerlich und äußerlich zur Ruhe zu kommen, mich neu auf Gott auszurichten. Ich versuche, diese Bitte so oft wie möglich zu beten, in der Weise, wie es bei Paulus heißt: »Betet ohne Unterlass« (1 Thess 5,17). Nach einiger Zeit der Einübung steigt das Herzensgebet ganz von alleine im Innern auf; es betet wie von selbst und stellt dadurch eine dauerhafte Beziehung zwischen mir und Jesus Christus her. Nichtige oder ärgerliche Gedanken haben dann weniger Raum, sich auszubreiten. Zeiten des Wartens werden sinnvoll gefüllt, die Seele befindet sich stärker im Frieden. Dieses Gebet ist im Alltag leicht zu praktizieren. Überall und in jeder Situation kann ich es – im Wortlaut leicht abgeändert – sprechen: als Stoßgebet, als Bitte, als Dank, als Lobpreis. Durch das »Wiederkäuen« seines Inhaltes, wie die alten Mönche die Gebetswiederholung gerne bezeichneten, wird mir das Herzensgebet zur stärkenden Nahrung. Zugleich bereitet es mir den Weg des Einswerdens mit Gott.

Kornelia Kreidler OSB

Schwester Kornelia Kreidler, geboren 1964, ist Benediktinerin, Sonderschulpädagogin und Logotherapeutin. Derzeit leitet sie als Priorin das Kloster Habsthal in Ostrach-Habsthal.

Jesus, Sohn Gottes – erbarme dich meiner.

Vor über drei Jahrzehnten las ich in meinem Noviziat das Buch »Aufrichtige Erzählungen eines russischen Pilgers«. Es ist die Geschichte eines russischen Bauern, der lernen will, ohne Unterlass zu beten. Damals machte ich es zu meinem eigenen Lernweg des Betens, der ein Lernweg des Lebens ist. Mit der Zeit wurde es zum Gebet, das im Rhythmus meines Herzens und meines Atmens in mir lebt: »Jesus, Sohn Gottes, erbarme dich meiner.« Eine Zeit lang schien es mir zu egoistisch, nur um Erbarmen für mich zu beten, und ich versuchte es umzuformulieren. Doch kam ich immer wieder im Beten zu der ursprünglichen Formulierung zurück, die in mir alle Menschen meint.
Unsere Ordensgründerin, die heilige Klara von Assisi, hat uns keine Gebete hinterlassen, die wir einfach nachsprechen könnten. Aber sie hat uns gelehrt, dass Beten eine lebendige Liebesbeziehung zu Gott ist, in der es letztlich darum geht, gegenwärtig zu sein in Seiner Gegenwart. Ihre Art zu beten, Christus anzuschauen und sich in ihm zu »spiegeln«, klingt für mich wider in dem, was der heilige Franziskus seinen Brüdern schrieb: »Behaltet nichts von euch für euch selbst zurück, damit euch ganz aufnehme, der sich euch ganz hingibt.«
Wo ich auch bin – in meinem Atmen diese Worte zu beten, macht mich zu einem durchlässigen »Rohr«, durch das Gott in die Welt strömen kann und die Menschen, die mir begegnen, zu ihm zurückströmen können. Durch mein Leben soll seine Gegenwart für andere erfahrbar werden.

Ancilla Röttger OSB

Schwester Ancilla Röttger, geboren 1951, trat 1976 dem Orden der Armen Schwestern der heiligen Klara (Klarissen) bei. Sie lebt im Klarissenkonvent am Dom in Münster. Verschiedene Veröffentlichungen im spirituellen Bereich.

Herr, die Freude an dir
sei meine Stärke!

Dieses Gebet wandelt Worte der Heiligen Schrift etwas ab. Der Prophet Nehemia hat sie an die aus Babylon heimgekehrten Juden gerichtet, um sie zum Aufbau der zerstörten Stadt Jerusalem zu ermutigen: »Die Freude am Herrn ist eure Stärke« (Neh 8,10).

Als ich den Mitbrüdern in einer schwierigen Zeit die Frohbotschaft zu verkündigen hatte, wurden mir diese Worte immer mehr zur Stärkung. Wer keine Freude an Gott hat, müsste in einer Zeit des menschlichen Versagens den Mut verlieren. Doch warum sollten wir uns am Herrn nicht freuen, der alles so herrlich erschaffen hat? Der so mächtig und doch so barmherzig ist? So gerecht und gütig?

Wenn ich morgens zum Stundengebet aufstehe, weiß ich mich vom Herrn der Freude gerufen. Es soll ein Gebet des Dankes und des Lobes werden. »Freut euch im Herrn«, heißt es in einem Psalm. Als Priester soll ich Mitarbeiter der Freude sein. Christus hat die frohe Kunde vom Vater gebracht, damit unsere Freude vollkommen werde. Engel verkündeten den Hirten die große Freude von der Geburt des Herrn. Voll Freude kehrten die Apostel zurück, als der Herr segnend in den Himmel aufgefahren war.

Wenn ich durch die Natur gehe, wecken die Pracht der Blumen und die Vielfalt der Tierwelt Freude am Schöpfer. In Bedrängnis und Prüfung weiß ich, Gott lenkt alles zum Guten. In meiner Schwäche denke ich, dass im Himmel Freude ist, wenn einer umkehrt. So kann ich abends wie Maria beten: »Alles in mit jubelt vor Freude über meinen Gott.«

Ivo auf der Maur OSB

Pater Dr. Ivo Auf der Maur, geboren 1924, trat 1944 ins Benediktinerkloster in Freiburg in der Schweiz ein. 1949 wurde er zum Priester geweiht und war von 1951 bis 1956 Missionar und Lehrer in Tansania. Nach zwei Studienjahren in Rom mit abschließender Promotion war er im Studienhaus und Priorat Benedictum Freiburg tätig. Von 1982 bis 1999 leitete er als Abt das Schweizer Benediktinerkloster St. Otmarsberg in Uznach. Zahlreiche Publikationen, vor allem in den Bereichen Missionswissenschaft und Ordensgeschichte.

Der Herr ist mein Hirte

Das Lamm wird sie weiden und zu den Wasserquellen des Lebens führen.
Offb 7,17

Der Herr ist mein Hirte, nichts wird mir fehlen.
Er lässt mich lagern auf grünen Auen
und führt mich zum Ruheplatz am Wasser.
Er stillt mein Verlangen; er leitet mich auf
rechten Pfaden, treu seinem Namen.
Muss ich auch wandern in finsterer Schlucht,
ich fürchte kein Unheil;
denn du bist bei mir, dein Stock und dein Stab
geben mir Zuversicht.
Du deckst mir den Tisch vor den Augen meiner
Feinde.
Du salbst mein Haupt mit Öl,
du füllst mir reichlich den Becher.
Lauter Güte und Huld werden mir folgen
mein Leben lang,
und im Haus des Herrn darf ich wohnen
für lange Zeit.

Psalm 23

Dieser kurze Psalm, dessen Grundbild vom Hirten dem Bewusstsein unserer modernen Kultur fast entschwunden ist, spricht dennoch den Menschen unserer Gegenwart an. Er spricht im Ton eines großen Vertrauens. Der Beter dieses Psalms bittet eigentlich nicht. Er weiß sich einfach behütet auf den Wegen seines Lebens. Der behütende Hirt, der in Gestalt Christi an vielen Stellen des Neuen Testaments in spürbarer Sanftmut auftritt, verleiht auch diesem Gebet eine tragende Gewissheit. Nichts wird dem Beter »fehlen«. Wo er sich auch aufhält – auf »grünen Auen« oder in der Oase der Fruchtbarkeit und des frischen Wassers – der Hirte »stillt Verlangen« und schenkt Hoffnung. Er führt auf den »Pfaden«, die dem »Namen« Gottes entsprechen. Auch in schweren Tagen, im Erleben von »Finsternis«, kommt keine Angst auf. Er ist da, der »Stock« und der »Stab«, der Halt verleiht und Nahrung schenkt, – auch wenn der Beter bedrängt ist von »Feinden« und Widersachern. Der begleitende Gott ist gegenwärtig, schenkt Kraft und Hilfe. Das ist ausgedrückt durch den orientalischen Brauch, Öl auf das Haupt zu gießen. Der Becher des Heils – ein starkes Bild für den glaubenden Christen. In der Eucharistie empfangen die Gläubigen den Kelch als Quelle der Kraft, als festliches Zeichen der Freude und als Realität der Nähe Christi. Treue des Glaubenden wird belohnt mit »Huld und Treue«, die das ganze Leben hindurch im »Haus des Herrn«, in bleibender Geborgenheit, erfahren werden darf. Dieser Gebetstext strahlt Vertrauen aus und die Gewissheit: Ich bin nicht allein. Darum bete ich diesen Psalm täglich mit Dank und Freude.

Drutmar Cremer OSB

Pater Drutmar Cremer, geboren 1930, trat 1952 in die Benediktinerabtei Maria Laach ein. Nach dem Studium der Theologie wurde er 1958 zum Priester geweiht. Er war in der Jugendseelsorge tätig und von 1991 bis 2001 Prior der Abtei. Seit 1971 ist er Leiter des Kunstverlags und der Kunstwerkstätten in Maria Laach. Zahlreiche Publikationen zu spirituellen Themen.

Das Vaterunser

Vater unser im Himmel, lass uns und andere deinen Namen ehren und heilig halten.
Lass uns und andere deine Herrschaft anerkennen und deinen Willen tun, damit das, was im Himmel bereits geschieht, auch auf Erden wirklich werden kann.
Gib uns heute das Brot für morgen.
Und vergib uns unsere Schuld,
weil auch wir bereits denen vergeben haben, die uns etwas schuldig geblieben sind.
Und führe uns nicht in Versuchung,
sondern befreie uns von dem Bösen.

Nach der Übersetzung von Klaus Berger und Christiane Nord

Ich bin wahrscheinlich ein atypischer Fall für einen Beter, denn ich bete am liebsten frei, so wie es der Geist (zumeist der eigene, vielleicht auch einmal der Geist Gottes) eingibt. Die große Entdeckung war dabei für mich nichts anderes als das Vaterunser, das Gebet, das wir bei der Erstkommunion lernen, aber leider zumeist schnell hinunterbeten, ohne uns allzu viel Gedanken über den Inhalt und Gehalt dieser sieben Bitten zu machen. Bei der Entdeckungsreise zu den verborgenen meditativen Qualitäten dieser »jesuanischen« Meditationsanleitung war mir der Charme und der Witz der großen Teresa von Àvila eine nicht unerhebliche Hilfe, denn sie versteht es, diesen urchristlichen Schatz so zu verpacken, dass man ihn ganz neu als einen Schlüssel zu einem persönlichen Herzensgebet mit dem Herrn entdecken kann.

In ihren Bändchen »Der Weg zur Vollkommenheit« will sie ihren Mitschwestern, die sich mit ihr zusammen verschworen hatten, eine neue Form des kontemplativen Lebens in einem »Reformkloster« auszuprobieren, eine gut lesbare Anleitung mitgeben, wie man die Stunde Stille gewinnbringend für die Meditation verbringen kann und zwar anhand des Vaterunsers, dem wahren Weg des Betens, weil Jesus selbst ihn mitgeht.

Während sich Teresa nach einem bewussten Eintreten in die Gegenwart Gottes sehr schnell in den mystischen Herzenserhebungen des »Gebetes der Ruhe« verliert, wird es dem Beter, der sich eher langsam zu Fuß vorwärts bewegt und die Höhenflüge den Nonnen im Karmel überlassen muss, wahrscheinlich mehr als ausreichend stimulieren, wenn er zunächst seine Seele zu Gott erhebt und ihn aus ganzem Herzen lobt und ihm dankt – ganz so, wie es Israel in der Kette der Psalmen immer wieder getan hat. Mir jedenfalls ist der Dank das liebste Herzensgebet geworden (»Geheiligt werde dein Name!«), das mir immer wieder neue Quellen der Hoffnung erschließt.

WOLFGANG BUCHMÜLLER O.CIST.

Pater Dr. Wolfgang Gottfried Buchmüller, geboren 1964, trat 1991 in die Zisterzienserabtei Heiligenkreuz ein und wurde 1996 zum Priester geweiht. In den Jahren 2001 bis 2009 war er verantwortlich für die Koordination eines Gründungsprojekts für ein Zisterzienserkloster in Sri Lanka. Seit 2001 lehrt er als Dozent für Spiritualität und Ordensgeschichte an der Hochschule in Heiligenkreuz. Außerdem ist er tätig in der Seelsorge für Klostergäste, beim Noviziatsunterricht und hilft bei den Sonntagsmessen in den Stiftspfarren aus.

Seht her, nun mache ich etwas Neues.
Schon kommt es zum Vorschein,
merkt ihr es nicht?
Ja, ich lege einen Weg an durch die Steppe
und Straßen durch die Wüste.
Die wilden Tiere werden mich preisen
und die Schakale und Strauße,
denn ich lasse in der Steppe Wasser fließen
und Ströme in der Wüste,
um mein Volk, mein erwähltes, zu tränken.
Das Volk, das ich mir erschaffen habe,
wird meinen Ruhm verkünden.

Jesaja 43,19–21

Es gibt zahlreiche biblische Texte, vor allem in den Psalmen, die mir viel bedeuten. In einer bestimmten Situation meines Lebens aber berührte mich der Text aus Deuterojesaja ganz persönlich. Er wurde über Jahre mein Begleiter. Es ist nicht so, als spielte Jes 43,19–21 in der franziskanischen Tradition und in der kapuzinischen Spiritualität eine besondere Rolle. Der Text wuchs mir biografisch zu, als sich für mich in meiner Lebensmitte eine unerwartete berufliche Herausforderung abzeichnete.
Ich sollte mich, so trug man an mich das Ansinnen heran, habilitieren. Und das mit Mitte 40. In der Ambivalenz, in die mich dieses Ansinnen stürzte, traf ich auf den Jesajatext: »Seht her, nun mache ich etwas Neues.« Ich fühlte mich angesprochen. Sollte auch bei mir Neues zum Vorschein kommen? Die Bilder vom Weg durch die Steppe und der Straße durch die Wüste – sie entsprachen meiner Gefühlslage, meinen Selbstzweifeln, und ermutigten mich gleichzeitig. Die wilden Tiere und Schakale in mir ordneten sich unter und erkannten, von dem Wasser, das in der Wüste fließen sollte, selbst etwas zu haben. Ich machte mich an die Arbeit, und der Jesajatext, ursprünglich ein Verheißungstext an die in der babylonischen Gefangenschaft Exilierten, wurde zu meinem Verheißungstext.
So mag es immer wieder gehen. Wir müssen nur mit einer gewissen Hellhörigkeit, mit einer Aufmerksamkeit, die uns sicher nicht leichtfällt, die aber in bestimmten Situationen des Lebens wie von selbst entsteht, auf Texte der Bibel oder andere Texte achten, dann kann uns in ihnen auf unerwartete Weise Gott ansprechen. Er tut es nie in letzter Direktheit: »Hallo, ich bin's.« Er tut es indirekt, aber in einer eigentümlichen Unüberhörbarkeit. Er macht Neues

in unserem Leben. Dabei von einem guten Text begleitet zu sein, das ist ein Geschenk, das ist Gnade.

Stefan Knobloch OFM Cap.

Pater Dr. Stefan Knobloch, geboren 1937, ist Theologe und Kapuziner. Lange Jahre war er Professor für Pastoraltheologie an der Johannes Gutenberg Universität Mainz. Verschiedene Veröffentlichungen im theologisch-wissenschaftlichen Bereich.

Gott der Heerscharen, Gott, unser Vater:
Wo bist du?
Blick doch herab vom Himmel und
schau auf uns!
Da wurde eine Kirche: Machtvoll und kraftvoll
wuchs sie heran,
Götter und Götzen waren machtlos und leer.
Es wuchs ein Weinstock: Du hast die Götzen
vertrieben und ihn eingepflanzt,
du schufst ihm weiten Raum,
er hat tiefe Wurzeln geschlagen.
Durch lange Zeiten, durch weite Räume
trieb er seine Ranken,
er wuchs und reifte und brachte Frucht.
Warum ist der Weinstock nun zerrissen,
wächst da und wächst dort?
Wo wächst der wahre Weinstock,
den du erwählt?
Der Weinstock da, der Weinstock dort:
sie alle berufen sich auf dich:
Wo bist du wirklich, wo lebst du Gott?
Wenn das am grünen Holz geschieht,
was wird dann mit dem dürren sein?
Wie sollen Menschen glauben, dass du der bist,
der die Reben gepflanzt hat?

Gott der Heerscharen, Gott, unser Vater:
Wo bist du?
Blick doch herab vom Himmel und
schau auf uns!
Du hast uns gespeist mit Tränenbrot,
überreich uns getränkt mit Kummer.
Gott unser Vater, warum zürnst du,
wie lange noch,
wenn wir doch zu dir beten?
Gott richte uns wieder auf,
führe uns zusammen, Herr,
und lass uns erkennen, dass du uns alle liebst!
Biete deine gewaltige Macht auf und
komm uns zu Hilfe,
lass uns erkennen, dass du da bist!
Lass uns begreifen, dass du die Wahrheit bist
und nicht wir die Wahrheit besitzen!
Gott der Heerscharen, Gott, unser Vater:
Wo bist du?
Blick doch herab vom Himmel und
schau auf uns
und lass uns auf der Suche bleiben.

Nach Psalm 80

Durch 30 Jahre habe ich samstagabends mit jungen Menschen Gottesdienste gefeiert, die von diesen gestaltet worden waren. Diese jungen Menschen haben in mir das freie Gebet wachgerufen. Viele Jahre lang war ich auch Novizenmeister unserer Gemeinschaft. Da war es mir ein Anliegen, den jungen Mitbrüdern die Psalmen nahezubringen, nicht nur philologisch und exegetisch, sondern in ihrer bleibenden Aktualität. Ich habe erfahren dürfen, wie unsere jungen Leute durch die Beschäftigung mit den Psalmen das Beten lernten und selbst Gebete formten. Seit über zehn Jahren feiern wir die Mittagshore in unserer Stiftskirche. Da wir viele Besucher haben, wollen wir ihnen auch bewusst machen, dass in Melk ein Kloster lebt, dass man Melk nicht nur gesehen haben muss, sondern dass es eine Botschaft zu verkünden hat. Wir versuchen dabei, eigene Gebetsgottesdienste zu schaffen, die Lieder enthalten, Schriftstellen, Psalmen und Gebete. Für mich ist das Chorgebet etwas, das mich ruhig werden lässt, Gott näherbringt und mein ganz persönliches Leben anspricht: Alles, was mich bewegt, froh macht und traurig, wütend und zornig, was mich lebendig sein lässt und trägt, erfüllt mich und lässt mich bei meinem Gott Verstehen finden. Dieses Chorgebet hat mich aber auch dazu gebracht, dass ich Gedanken aus den Psalmen in mir weiterwirken lasse, dass Psalmen mit meinen Worten und meinem Beten in unsere Zeit übertragen werden. Deshalb habe ich eine Aktualisierung des Psalmes 80 ausgewählt, die ich vor einigen Jahren für unsere Mittagshore verfasst habe, die aus der Situation der Kirche unserer Tage heraus versucht zu begreifen, Hilfe zu suchen und Wege zu finden: Gott, wo bist du?

Burkhard Ellegast OSB

Pater Dr. Burkhard Ellegast, geboren 1931, trat nach dem Abitur in das Benediktinerstift Melk ein. Er studierte Theologie und wurde 1956 zum Priester geweiht. Es folgte das Lehramtsstudium in Wien für die Fächer Latein und Griechisch und die Promotion. In der Folgezeit unterrichtete er neben anderen Tätigkeiten am Stiftsgymnasium und wurde 1975 zum Abt gewählt. Mit Erreichen des 70. Lebensjahres legte er dieses Amt 2001 nieder. Er ist weiterhin als Referent und Exerzitienleiter sehr aktiv.

Sprich nur ein Wort, und
meine Seele wird gesund.

Tag für Tag, vorausgesetzt ich bin wach und geistesgegenwärtig, trifft mich dieses Gebet vor der Kommunion während der Eucharistiefeier von Neuem. Das aus dem Matthäusevangelium entnommene Wort eines römischen Hauptmannes (Mt 8,8) kommt mir so nah, als hörte ich es ganz neu, unverbraucht. Wie eine Begegnung, die einen nicht mehr loslässt, wie Augen, die einen gefangen halten oder mit dem Gefühl weggehen lassen: Du bist erkannt, du bist liebend durchschaut. Und der eigenen kleinen Welt wird ein Stoß versetzt. Wer kennt sie nicht, die Erfahrung: Durch eine oft leise Berührung werden wir im schönsten Sinne des Wortes schwach, und etwas anderes, Großes wird stark in uns.

Welche Wucht. Welche Kraft. Ein einziges Wort nur in der Wortschwemme eines Tages. Dieses eine wirkmächtige Wort, das den ganzen Menschen »Scholastika« gesunden lässt. Dünnhäutig wünsche ich mir mein Innerstes, damit Gottes Weisung nicht »draußen« bleibt, damit ich sie nicht überhöre im Gedränge der alltäglichen Verrichtungen. Ähnlich stammelte der heilige Augustinus seine Bitte: »Sag meiner Seele, dein Heil bin ich, und sag es so, dass ich es höre.«

»Sprich nur ein Wort« ... in mir steigt wiederholt die Frage auf: Gibt es dieses eine Wort für mich? Gleichsam wie ein Schlüsselwort, das mich stets und ständig herausruft aus allem Kranken und mich mir gesund zurückgibt? Oder wird mir ein immer neues Wort zugesprochen, das mich im Jetzt meines Lebens aufrichtet, stärkt und nährt? Ich finde keine Antwort. Muss ich es?

Scholastika Jurt OP

Schwester Scholastika Jurt, geboren 1965, gehört der Kongregation der Arenberger Dominikanerinnen (Schwestern der heiligen Katharina von Siena) in Koblenz an. Sie ist geistliche Begleiterin, Noviziats- und Exerzitienleiterin. Seit 2009 ist sie Generalpriorin der Kongregation.

Komm und nimm Wohnung in uns

Aus dem Schatz der Kirche und ihrer Gemeinschaften

Bleibe bei mir, Herr, halte deine
Hand über mich.
Aber gib auch, dass ich mich unter
deine Hand stelle.
Nimm mich, wie ich bin, mit meinen
Fehlern und meinen Sünden.
Aber hilf mir, so zu werden,
wie du es willst,
und wie auch ich es will.

Johannes Paul I.

Dieses Gebet ist mir lieb geworden, seit es der lächelnde Papst Johannes Paul I. in einer seiner Katechesen auf dem Petersplatz gesprochen und ausgelegt hat. Es hat sich mir eingeprägt, und seit 1978 bete ich es täglich, wenn ich morgens zur ersten Gebetszeit von meiner Klosterzelle in die Kirche gehe. Gerade in seiner Schlichtheit sagt es viel über unseren Glauben aus – darüber, wie Gott zu uns steht, dass wir bei ihm geborgen sind, und auch, was er von uns erwartet.

Er ist mir nah, so nah, dass er in mir wohnt als der Gott der Liebe, der mich mit seiner Liebe beschenkt und mir die Kraft gibt zu lieben. Er ist der Gott meines Herzens. Er hält seine Hand über mein Leben, sodass ich vor nichts und niemand Angst zu haben brauche. Aber auch ich will mich zu ihm stellen, wenn es sein muss, auch unter sein Kreuz. Ich will nach seinem Willen fragen und diesen im täglichen Leben tun.

Gott nimmt mich an, so wie ich bin. Das erfahre ich wie ein Wunder und unbeschreiblich entlastend. Seine Annahme gibt mir die Kraft, mich zu ändern und ein neuer Mensch zu werden nach dem Bild seines Sohnes Jesus Christus. Etwas Schöneres kann ich mir nicht vorstellen.

Benedikt Müntnich OSB

Pater Benedikt Müntnich, geboren 1952, trat 1974 in die Benediktinerabtei Maria Laach ein. 1981 wurde er zum Priester geweiht und war 20 Jahre lang Novizenmeister. Seit 2002 leitet er das Kloster als Abt.

Im Namen des Vaters
und des Sohnes
und des Heiligen Geistes.

Die Bedeutung der Rituale wird in unseren Tagen wiederentdeckt. Der Mensch wäre überfordert, wenn er jeden Handgriff reflektieren müsste. Rituale sind Zeichenhandlungen. Sie bringen Ordnung in mein Inneres und helfen mir, achtsam und bewusst zu leben. Sie geben mir das Gefühl, dass mein Leben wertvoll ist. Ich bin heute noch Bischof Klaus Hemmerle dankbar für einen Vorschlag, den ich jetzt schon fünf Jahre täglich übe. Wie mein Tag beginnt? Mit einem Morgenritual. Wenn ich im Kloster um 5.30 Uhr aufstehe, stelle ich mich neben meinem Bett aufrecht hin und atme tief durch. Ganz bewusst mache ich zuerst ein Kreuzzeichen. »Im Namen des Vaters und des Sohnes und des Heiligen Geistes.« Die wichtigsten Fragen meines Lebens sind so eigentlich beantwortet. Was sind solche Fragen? Zum Beispiel: Woher komme ich? Bin ich dem Schicksal blind ausgeliefert, nur eine Nummer in der Lotterie des Lebens? Schrecklich, wenn ein Mensch hört, dass seine Eltern ihn gar nicht gewollt haben ...

Nein, über meinem Leben erscheint ein Gesicht.
Ein Vater, der mich ruft, mit Namen sogar.
Ein Schöpfer, der mich geschaffen hat.
Ein Wille, der mich gewollt hat.

Auch die Frage: Wozu bin ich da? findet eine Antwort. Macht es überhaupt einen Unterschied, ob ich bin oder nicht bin? Ist es gleichgültig, was ich heute aus meinem Tag mache? Dann sagt Jesus: »Du bist mein Freund! (vgl. Joh 15,14f) Ich sende dich, diese Welt heute ein Stück gerechter zu gestalten!« Ich habe einen Auftrag für den Tag, ohne mich zu überfordern. Und eine dritte Frage bewegt mich: Was bin ich eigentlich wert? Bin ich nur ein austauschbares Rädchen im Getriebe dieser Welt? Unsere Kranken und Alten fühlen sich oft abgeschoben, übersehen. Der Heilige Geist antwortet: »Ich habe dich geheiligt und dich zu einem Tempel gemacht, in dem die Liebe wohnen soll.« (vgl. 1 Kor 3,16) In den Augen Gottes ist jeder kostbar und wertvoll.

Gott, der Vater, ruft uns.

Der Sohn sendet uns.

Der Geist heiligt uns.

Von Gott geht eine Kraft aus, die die ganze Welt durchdringt, umarmt und verwandeln kann. Durch dieses Ritual wird mein Tag geheiligt und meine Stunden erhalten eine Sinndeutung. Nicht nur Leistung und Arbeit bestimmen meinen Tag. An Gottes Segen ist mir gelegen.

Erich Purk OFM Cap.

Pater Erich Purk, geboren 1939, ist Kapuziner und lebt in Münster. Er kann auf eine langjährige Tätigkeit als Leiter von Exerzitien und Fastenkursen zurückblicken. Er engagiert sich als Cityseelsorger und in der Rundfunk- und Fernsehenarbeit und ist Lehrbeauftragter an der katholischen Fachhochschule Münster.

Im Namen des Vaters … Ich glaube an Gott …
Ehre sei dem Vater … Vater unser …

Gegrüßet seist du, Maria, voll der Gnade,
der Herr ist mit dir,
du bist gebenedeit unter den Frauen,
und gebenedeit ist die Frucht deines Leibes,
Jesus …
Heilige Maria, Mutter Gottes,
bitte für uns Sünder
jetzt und in der Stunde unseres Todes.

Jesus, der in uns den Glauben vermehre
Jesus, der in uns die Hoffnung stärke
Jesus, der in uns die Liebe entzünde

Ehre sei dem Vater …

Die freudenreichen Geheimnisse
Jesus, den du, o Jungfrau, vom Heiligen Geist empfangen hast
Jesus, den du, o Jungfrau, zu Elisabeth getragen hast
Jesus, den du, o Jungfrau, geboren hast
Jesus, den du, o Jungfrau, im Tempel aufgeopfert hast
Jesus, den du, o Jungfrau, im Tempel wiedergefunden hast

Die schmerzhaften Geheimnisse
Jesus, der für uns Blut geschwitzt hat
Jesus, der für uns gegeißelt worden ist
Jesus, der für uns mit Dornen gekrönt worden ist
Jesus, der für uns das schwere Kreuz getragen hat
Jesus, der für uns gekreuzigt worden ist

Die glorreichen Geheimnisse
Jesus, der von den Toten auferstanden ist
Jesus, der in den Himmel aufgefahren ist
Jesus, der uns den Heiligen Geist gesandt hat
Jesus, der dich, o Jungfrau, in den Himmel aufgenommen hat
Jesus, der dich, o Jungfrau, im Himmel gekrönt hat

Im Zug. Ich nehme meinen Rosenkranz um zu beten. Eine Dame beobachtet mich und sagt überrascht: »Was, das gibt es heute noch?«

Ja, den gibt es heute noch, den Rosenkranz, und mit vielen anderen zählt er zu meinen Lieblingsgebeten. Weshalb? Weil er mir hilft, meine Taufe zu leben. An meiner Stelle haben meine Eltern und Paten für mich den Glauben bekannt. Nun bete ich zu Beginn des Rosenkranzes das Glaubensbekenntnis – Erinnerung an meine Taufe. Und für mich und andere bitte ich um Vermehrung von Glaube, Hoffnung und Liebe – wichtigste Folge der Taufe. Der Glaube geht zwar der Taufe voraus, aber er wird durch das Beten des Rosariums (der lateinische Begriff für Rosenkranz) vertieft.

Nach dieser Einstimmung beginne ich, in den einzelnen Gesätzen das Leben Jesu zu betrachten: Der Rosenkranz ist ja das »Jesusgebet des Westens«. Jesus hat in der Bibel an die hundert Namen; und jeder von diesen sagt etwas über Jesus aus! Wie soll ich denn Jesus, seine Worte, sein Leben erfassen? So bitte ich immer wieder Maria, die Mutter Jesu, dass sie mir hilft, ihren Sohn Schritt für Schritt etwas tiefer zu erkennen.

Das Konzil ermutigt dazu, weil uns Maria »in den Himmel aufgenommen, die Gaben des ewigen Heils erwirkt« (Lumen Gentium 62). Und die wichtigste Gabe des Heils ist es doch, ihren Sohn zu erkennen. Ist es nicht zu wenig, nur in der Fastenzeit des Leidens Jesu zu gedenken? Im schmerzhaften Rosenkranz steht der leidende und sterbende Jesus jede Woche vor meinen Augen. Und dankbar denke ich daran, was er für mich, für uns gelitten hat.

Und im glorreichen Rosenkranz wird es jede Woche Ostern; das gibt mir Mut. Auch zeigt mir der Rosenkranz, welch wichtige Rolle Maria beim Wirken Jesu spielt – auch heute.

Ich bemühe mich, vor jedem Gesätz das Vaterunser ehrfürchtig zu beten. Ich kann in das Herrengebet die Sorgen von Kirche und Welt einschließen, auch meine persönlichen.

»Es kann keinen so schlechten Menschen geben, der nicht – wenn er ein Jahr lang den Rosenkranz gebetet – eine merkliche Lebensbesserung feststellt!« (Adolf von Essen) Auch für mich ist der Rosenkranz eine »Bekehrung in kleinen Schritten«. Zu mehr Glaube, Hoffnung und Liebe; deshalb möchte ich den täglichen Rosenkranz in meinem Leben nicht missen. Ich kann ihn nur allen empfehlen, die sich – mit Maria – bemühen, ihre Taufe entschiedener zu leben.

Benno Mikocki OFM

Pater Benno Mikocki, geboren 1932, ist Franziskaner und Exerzitienleiter. Neben seiner Tätigkeit als Geistlicher Leiter der Gebetsgemeinschaft für Kirche und Welt – Rosenkranz-Sühnekreuzzug um den Frieden der Welt – arbeitet er als Redakteur der Zeitschrift »Betendes Gottes Volk«. Er lebt in Wien.

Wir danken dir, gütiger Vater, dass du uns berufen hast, vor dir zu stehen und dir zu dienen.

Dieses lobpreisende Gebet hat mich von der allerersten Begegnung an zutiefst berührt. Es wurde zu einem meiner Lieblingsgebete, das ich ohne Zögern als Leitspruch für das Erinnerungsbildchen an meine Mönchsprofess, Priesterweihe und Primiz gewählt habe.
Dieser schöne Gebetstext steht im sogenannten »Darbringungsgebet« des zweiten eucharistischen Hochgebetes, das im Jahre 1968 in den Gebetsschatz der Kirche aufgenommen worden ist. Dieses ist eine angepasste Überarbeitung des wohl ältesten christlichen Hochgebetes, das uns in der dem heiligen Hippolyt von Rom († 235) zugeschriebenen *»Traditio Apostolica«* überliefert ist. Das zitierte Gebet stammt wörtlich daraus.
Das frühchristliche Dankgebet hat mich wohl deshalb so angesprochen, weil es ganz kurz die drei christlichen Grundhaltungen beschreibt, die meines Erachtens im Sinne der benediktinisch-zisterziensischen Tradition auch die drei Wesenszüge der monastischen und priesterlichen Berufung sind: *Danken – Vor-Gott-Stehen – Dienen.*
Danken ist höchster Vollzug des Menschseins (vgl. Kol 3,17; Eph 5,20; 1 Thess 5,18): »Christlich bestimmtes Menschsein ist Sein im Empfang, Sein im Danken. Der Mensch kann die Erfüllung seines Daseins nur als Geschenk empfangen. Er ist Mensch im Gehorsam, in der Antwort und Verantwortung vor Gott.« (Walter Kardinal Kasper) Aller Dank gipfelt im Dank (Eucharistie), dass es Gott gibt, dass er die Welt erschaffen und in Jesus Christus erneuert und vollendet hat.
Vor-Gott-Stehen: Die österliche Haltung des Stehens ist Zeichen der Bereitschaft, der Wachsamkeit, aber auch der Fürbitte. In der syrischen Mönchstradition heißen die Mönche *»die Stehenden«*.

Dienen meint in der Bibel zunächst den (kultischen) Dienst der Engel (vgl. Dan 7,10; Tob 12,15; Hebr 1,14) und Priester (vgl. Dtn 18,5.7; Hebr 5,4). Dienen ist aber vor allem die Zusammenfassung des Lebens und der Botschaft Jesu Christi, der gesagt hat: »Der Menschensohn ... ist gekommen, um zu dienen und sein Leben hinzugeben für viele.« (vgl. Mk 10,45; Mt 20,28) »Ich aber bin unter euch wie einer, der dient.« (Lk 22,27) Gerade das Beispiel Jesu zeigt, dass Dienen immer beides ist: Gottesdienst und Menschendienst. Proexistenz!
Was gäbe es Beglückenderes, als zu danken für die Berufung, vor Gott zu stehen und ihm und den Menschen zu dienen? »O wunderbares Dienen!« (Bernhard von Clairvaux, † 1153)

Alberich Martin Altermatt O.Cist.

Pater Alberich Martin Altermatt, geboren 1946, lebt als Zisterziensermönch in der Abtei Hauterive (Kanton Freiburg). Er ist Leiter des Sekretariates für Liturgie im Zisterzienserorden. Seit 1996 ist er Spiritual im Zisterzienserinnenkloster Eschenbach (Kanton Luzern). Zudem forscht er zur Geschichte, Spiritualität und Liturgie der Zisterzienser.

Gebet zur Knotenlöserin

Maria, Schwester im Glauben,
Knotenlöserin du.
Dein heiliges, unwiderruflich gelungenes Leben
spricht mich an.
Du kennst sie,
die leidvollen Situationen,
wenn Ablehnung und Enttäuschung lähmen,
wenn gesteckte Ziele in weite Ferne rücken,
wenn Zuhören unmöglich wird,
wenn Unverständnis verletzt,
wenn Machtansprüche in unvermutete Fallen
treiben,
wenn Zweifel übermächtig werden,
wenn Schuld belastet, Versagen lähmt,
wenn sich alles verkrampft und zuschnürt,
wenn nichts mehr gelingt,
wenn keine Lebensenergie mehr strömt.
Maria vom Knoten,
dann mach' mir Mut,
weck' Hoffnung
und zeige mir Wege,
heilende, erlösende, gute Wege,
Verworrenes zu entwirren,
Verschlungenes zu glätten,
Verknotetes zu lösen,
Verletzungen zu heilen,
mit viel Geduld und Ausdauer,
mit Mut und Offenheit,
mit Fingerspitzengefühl,

mit Wohlwollen und Tatkraft,
mit Treue und Kreativität
und mit großem Vertrauen,
dass alles gut wird.
Maria, eine von uns,
steh zu uns!

Benedikta Hintersberger OP

Klöster haben ihre Existenzberechtigung, wenn sie in lebensbejahendem und lebensförderlichem Kontakt zur Welt stehen, zu den Menschen, die sie aufsuchen, die an ihren Mauern und Türen vorbeigehen, die – drinnen wie draußen – lieben, arbeiten und leiden. Das Gebet meiner Mitschwester Benedikta Hintersberger OP formuliert einen solchen Kontakt, indem es sich auf ein Kunstwerk in der Bürgerkirche von St. Peter bezieht, die die Augsburger Innenstadtsilhouette wesentlich bestimmt. Dort beten Frauen und Männer, Alte und Junge vor dem Bild der Knotenlöserin, einer Muttergottesdarstellung, die sich weltweit findet und über Kultur- und Religionsgrenzen hinweg Rat- und Hilfesuchende verbindet. Die Knotenlöserin wird angerufen in den verwickelten, verdrehten oder verknoteten Problemlagen, in die Menschen ohne ihr Zutun hineingeraten oder in die sie sich hineinmanövrieren. Der Text beruht auf einer Grundhaltung, die so populär ist, dass sie problemlos in einer Boulevard-Fernsehsendung vermittelt werden kann: »Alles wird gut!« Grundlegender jedoch als hier beantwortet die typisch dominikanische Verkündigung der Gnade Gottes die Ur-Hoffnung von Menschen auf Heilwerden und Heilsein. Hier bleibt sie nicht stecken in einem nur »optimistisch« ausgerichteten Sehnsuchtsgefühl, sondern trägt auch dann, wenn alle menschlichen Entknotungsversuche keine Lösung (mehr) bringen. Das Gebet zur Knotenlöserin gibt mir eine belebende Ahnung dieser christlichen, dominikanisch geprägten Hoffnung.

Aurelia Spendel OP

Schwester Dr. Aurelia Spendel, geboren 1951, ist Dominikanerin und lebt in Augsburg. Die Theologin begleitet Ordenskapitel und -konvente und gibt geistliche Begleitung. Verschiedene Veröffentlichungen im spirituellen Bereich.

O meine Gebieterin,
o meine Mutter:
Dir bringe ich mich ganz dar.
Und um dir meine Hingabe
zu bezeigen,
weihe ich dir heute
meine Augen, meinen Mund,
mein Herz,
mich selber ganz und gar.
Weil ich also dir gehöre,
o gute Mutter,
bewahre mich, beschütze mich
als dein Gut und Eigentum.

P. Nicolà Zucchi SJ

Dieses Gebet habe ich von Kind an gebetet. Es ist eine Zusammenfassung meiner Verehrung der Gottesmutter, die bereits meine Eltern in mir geweckt haben. Maria hat mich begleitet mein Leben lang und dieses Hingabegebet war und ist meine Antwort auf ihre liebende Begleitung. Ich habe versucht, vielen Menschen diese Hingabe an unsere Liebe Frau zu vermitteln. Dabei war mir der heilige Ludwig-Maria Grignion von Montfort durch das »Goldene Buch« seiner Marienhingabe ein Helfer und eine Inspiration. Er wird nicht müde, uns den Weg »durch Maria zu Jesus« zu zeigen und in glühenden Worten zu beschreiben und vorzuleben. Die Gottesmutter stand Jesus in seinem irdischen Leben am nächsten und ihre ganze Liebe war und ist auf ihn allein ausgerichtet. Sie trug ihn in ihrem Schoß und folgte ihm bis unter das Kreuz. Bei seiner Himmelfahrt ließ der Herr uns seine Mutter zurück, damit sie die ersten Schritte der jungen Kirche begleite. Man nennt Maria bis heute die bittende Allmacht am Thron Gottes. Für mich gibt es keinen schöneren und einfacheren Weg zu Jesus als an der Hand seiner Mutter. Sie führt uns ganz sicher zu ihm, und wer sich ihr völlig anvertraut, ist auf dem einfachsten und sichersten Weg.

Caecilia Bonn OSB

Schwester Caecilia Bonn, geboren 1925, ist Benediktinerin in der Abtei St. Hildegard in Rüdesheim. Die Exerzitien- und Gesprächsbegleiterin war eine gefragte Referentin (über Leben und Wirken der heiligen Hildegard) und leitete lange Jahre als Priorin die Abtei.

Liebe Leserin, lieber Leser,

gerne informieren wir Sie künftig über unsere Neuerscheinungen. Teilen Sie uns mit, für welche Themen Sie sich interessieren und schicken einfach diese Karte zurück.
Wenn Sie außerdem unsere Fragen auf der Rückseite beantworten, helfen Sie uns, zukünftig genau die Bücher zu machen, die SIE interessieren!

Gerne revanchieren wir uns für Ihre Mühe:
Unter allen Einsendern verlosen wir monatlich Bücher aus unseren Programmen im Wert von € 50,-

VORNAME / NAME

STRASSE / HAUSNUMMER

PLZ / ORT

E-MAIL

Bei Angabe Ihrer Mail-Adresse erhalten Sie rund 6 Mal jährlich unseren

Antwort

VERLAGSGRUPPE PATMOS

Senefelderstraße 12
D-73760 Ostfildern

Ihre Meinung ist uns wichtig!

Diese Karte lag in dem Buch:

....

Ihre Meinung zu diesem Buch:

....

....

....

....

Wie sind Sie auf dieses Buch gestoßen?

- ○ Buchbesprechung in:
- ○ Anzeige in:
- ○ Verlagsprospekt
- ○ Entdeckung in der Buchhandlung
- ○ Internet
- ○ Empfehlung
- ○ Geschenk

Für welche Themen interessieren Sie sich?

- ○ Religion
- ○ Spiritualität & Lebenskunst
- ○ Kinder & Familie
- ○ Kirche & Gemeinde
- ○ Theologie & Religionswissenschaft

- ○ Garten / Kochen / Wohnen
- ○ Kalender & Geschenke
- ○ Psychologie & Lebenshilfe
- ○ Geschichte/Geschichtswissenschaft

Fordern Sie unsere aktuellen Themenprospekte an:
bestellungen@verlagsgruppe-patmos.de
Fax +49.711.4406-177
Tel. +49.711.4406-194

Einen Überblick unseres **Gesamtprogramms** finden Sie unter
www.verlagsgruppe-patmos.de

Himmlischer König,
Tröster und Geist der Wahrheit,
der du überall bist und alles erfüllst,
Schatzkammer der Güter und
Spender des Lebens.
Komm und nimm Wohnung in uns,
reinige uns von jedem Makel und
rette uns,
denn du bist gut.

Dieses Gebet stammt aus der Ostkirche des byzantinischen Ritus. Von Kindheit an wurde ich angehalten, mich am Anfang meines Betens wie auch vor jeder Heiligen Messe und Beichte an den Heiligen Geist zu wenden; und dies habe ich bis heute beibehalten.

Wer an Christus glaubt und in der Kraft des Heiligen Geistes zu ihm betet, weiß, dass das eigene Stammeln im Beten immer Antwort ist auf Gottes Reden zu uns, da wir uns Gott nähern dürfen mit der ihm eigenen Sprache. Schon das Vaterunser ist Gottes eigenes Wort, aber Gleiches gilt grundsätzlich vom ganzen Leben im Glauben. Weil Gott geredet hat, deshalb leben und beten wir – mit seinem Wort und in Antwort auf sein Wort. Doch dieses Wort ist kein bloß niedergeschriebenes, kein äußerlich verbales, sondern Person: Er, der »geliebte Sohn« des Vaters (Mt 17,5), betet als Gott und als Mensch, wenn er uns das »Vaterunser« lehrt. In ihm ist das Gebet nicht mehr eine Angelegenheit zwischen Mensch und Gott, es betet hier Gott selbst zu Gott. Indem Jesus als Mensch mit uns zu seinem und unserem Vater betet, versetzt er als Gott uns in den göttlichen Bereich und gibt uns Anteil an seinem einmaligen Verhältnis zu seinem »Abba«.

Der Meister dieses Gebetes ist der Heilige Geist; er ist die Kraft unseres Sprechens: »Abba, Vater« (Gal 4,2) und: »Jesus ist der Herr« (1 Kor 12,4). Der Geist ist es auch, der den Menschen in Gott wohnen und ihn selbst zu einer Wohnung für Gott werden lässt. Alles christliche Leben und Beten vollzieht sich jenseits jeder Methodik, wie auch die Bitte »Lehre uns beten!« auf keine äußere Unterweisung über das Wie des Betens zielt: Betend führt er die Seinen in sein eigenes Gebet ein und gibt ihnen so die Kraft zu einem neuen Leben im »Geist der Innerlichkeit«, nämlich aus dem Geschenk des Heiligen Geistes.

Michael Schneider SJ

Pater Dr. Michael Schneider, geboren 1949, studierte Philosophie und Theologie in Münster, Rom, Wien und Freiburg. 1981 trat er in den Jesuitenorden ein und war lange Zeit Dozent für Spirituelle Theologie an der Universität Salzburg. Seit 1984 ist er Spiritual am Priesterseminar Sankt Georgen in Frankfurt am Main. An der dortigen Hochschule lehrt er seit seiner Habilitation 1991 Dogmatik und Liturgiewissenschaft. Pater Michael Schneider leitet das Institut für Dogmen- und Liturgiegeschichte sowie das Byzantinische Seminar an der PTH Sankt Georgen.

Gebet für die Priester

Herr Jesus Christus, ewiger Hoherpriester!
Du hast deinen Diener erwählt, dir als Priester in besonderer Weise durch die Verkündigung des Evangeliums und durch die Ausspendung der Sakramente zu dienen.
Ziehe ihn an dein Göttliches Herz,
damit er ganz werde wie du:
sanftmütig und demütig, barmherzig und geduldig, heilig und eifrig, Seelen zu retten.
Bewahre ihn vor den Angriffen des Teufels und vor den Verlockungen dieser Welt.
Verzeihe ihm, wenn er in Sünden gefallen ist.
Gib ihm Kraft, wenn er entmutigt wird und nicht mehr weiter kann.
Stehe ihm bei, wenn sein Glaube ins Wanken geraten ist, und schenke ihm vor allem die Gnade der Treue und des Gehorsams.
Verwandle du ihn bei jeder heiligen Wandlung in der Feier der Eucharistie, dass er immer mehr dir im Wesen gleiche.
Dir, dem ewigen Hohenpriester, sei mit dem Vater und dem Heiligen Geist Anbetung, Lob und Dank in Ewigkeit.

Es war der 13. Mai 2000. Damals nahm ich an der Seligsprechung der Kinder von Fatima teil. Während dieser Feier überkam mich die innere Gewissheit, dass wir für unsere Priester beten müssen. Gerade in Zeiten, in denen die Glaubensverkündigung immer schwieriger wird und die Seelsorgestrukturen sich vielerorts ändern, brauchen die Priester unser unterstützendes Gebet. Dies wurde mir mit einem Schlag klar.
Angeregt durch die Lektüre eines Buches von Maria Sieler und ermutigt durch viele Gespräche, beschloss ich, eine Gebetsaktion zu starten. Im November 2002 begann ich, einige Gläubige anzuschreiben mit der Bitte, für einen Priester zu beten. Der Zuspruch war so groß, dass ich Mut fasste und am 8. Dezember offiziell mit der Gebetsaktion begann. Der Gedanke, der dahintersteckt, ist, dass alle, die teilnehmen möchten, einen Priester anonym »zugeteilt« bekommen (nur mit dem Vornamen), den sie täglich ins Gebet einschließen sollen. Man kann sozusagen eine Gebetspatenschaft übernehmen.
Inzwischen sind circa 12000 Menschen Teil dieser Initiative geworden, die sich ausschließlich über Spenden finanziert. Ich bin froh und dankbar, dass dies alles so wunderbar gewachsen ist, und glaube, dass die Priester unser aller Gebet mehr denn je brauchen.

Michael Schlatzer OFM

Pater Michael Schlatzer, geboren 1955, ist Franziskaner und Leiter der Gebetsaktion zur Heilung der Priester in Mitteleuropa. Er lebt in Eisenstadt.

Gebet für die Priester

O Jesus, ewiger Hoherpriester, bewahre deine Priester im Schutze deines Heiligsten Herzens, wo ihnen niemand schaden kann. Bewahre unbefleckt ihre gesalbten Hände, die täglich deinen heiligen Leib berühren. Bewahre rein die Lippen, die gerötet sind von deinem kostbaren Blute. Bewahre rein und unirdisch ihr Herz, das gesiegelt ist mit dem erhabenen Zeichen deines glorreichen Priestertums. Lass sie wachsen in der Liebe und Treue zu dir und schütze sie vor der Ansteckung der Welt. Gib ihnen mit der Wandlungskraft über Brot und Wein auch die Wandlungskraft über die Herzen. Segne ihre Arbeiten mit reichlicher Frucht und schenke ihnen dereinst die Krone des ewigen Lebens.

Theresia von Lisieux

Seit 1996 bin ich Benediktiner im Stift Seitenstetten in Niederösterreich und seit 2004 Priester und Kaplan in der Pfarre Ybbsitz mit ungefähr 3500 Katholiken. Erst in der Seelsorge außerhalb des Klosters sind mir die Bedeutung des regelmäßigen Gebetes und die Zeit der Stille so richtig bewusst geworden. Das von Papst Benedikt XVI. ausgerufene »Jahr des Priesters« hat mich zudem bewogen, noch mehr über meine Ordens- und Priesterberufung nachzudenken und mein pastorales Tun und Handeln ganz auf das Gebet und die innere Beziehung mit Christus aufzubauen. Ich habe damals ein Gebet für Priester entdeckt, das von der heiligen Theresia von Lisieux stammt und mich so sehr angesprochen hat, dass ich es seither täglich für mich und andere Priester bete. Die Erneuerung der Kirche beginnt nicht mit äußeren Aktionen, sondern mit dem Ernstnehmen der eigenen Berufung. So bitte ich Gott, dass er meine Hände, meine Lippen und mein Herz jeden Tag heilige und dass ich in der Liebe und Treue stets wachse und so zum Segen für die Menschen werden kann. Dieses Gebet hilft mir, mich nicht der Mittelmäßigkeit im geistlichen Leben hinzugeben, sondern meine Gelübde als Ordensmann und Priester mit Freude erfüllen zu können.

Georg Haumer OSB

Pater Georg Haumer, geboren 1976, ist seit 1996 Mitglied des Benediktinerstiftes Seitenstetten in Niederösterreich. Im Jahr 2000 legte er die Ewige Profess ab und wurde 2004 zum Priester geweiht. Seit September 2004 arbeitet er als Kaplan in der Pfarre Ybbsitz.

Heiliger Erzengel Michael,
beschirme uns im Streite.
Gegen die Bosheit und Arglist des
Teufels sei unser Schutz.
Gott gebiete ihm, so bitten wir
flehentlich.
Du aber, Fürst der himmlischen
Heerscharen,
stürze den Satan und die anderen
bösen Geister,
die zum Verderben der Seelen die
Welt durchschweifen,
in der Kraft Gottes hinab in den
Abgrund.

Neben dem Vaterunser und dem Ave Maria ist dies das Gebet, das ich täglich am häufigsten verrichte. Es war früher sehr viel geläufiger im Volk Gottes und es gehörte zu den Gebeten, die die Priester im Anschluss an die Heilige Messe still für sich beteten. Inzwischen ist es fast in Vergessenheit geraten. Ich habe dieses Sturmgebet vor vielen Jahren für mich persönlich wiederentdeckt. Der Erzengel und Anführer »der himmlischen Heerscharen« (man könnte fast sagen: der himmlischen Streitkräfte) wurde auch als Schutzpatron Deutschlands verehrt. Das gab für mich den Ausschlag, mich wieder intensiv mit ihm anzufreunden und ihn um diesen Schutz zu bitten. Und es sage keiner, wir hätten diesen Schutz im Inneren wie im Äußeren nicht nötig. Denn die »Bosheit und Arglist des Teufels« umgibt uns täglich ständig in vielerlei Gestalten und Formen. Und der Kampf der beiden Engelfürsten, des dunklen wie des lichten, wird andauern: Das »Ich will nicht dienen« derer, die sein wollen wie Gott, steht dem »Wer ist wie Gott« gegenüber, denn das bedeutet der Name Michael. Und er wird den Sieg davontragen. So bitte ich Michael täglich, dass wir nicht in den Sog des Stolzes geraten, der sich überall und überraschend auftun kann. Auch die »anderen bösen Geister«, die uns in vielerlei Gestalt begegnen können, wehre Gott durch die Fürsprache des Erzengels Michael ab. Ich bitte diesen Heerführer um Schutz für alle Menschen, mehr noch für ihre Seelen.

Ancilla Ferlings OSB

Schwester Ancilla Ferlings, geboren 1940, ist seit knapp 40 Jahren Benediktinerin. Sie lebt in der Abtei St. Hildegard in Rüdesheim und arbeitet dort im Sekretariat des Klosters.

Durch ihn, mit ihm
und in ihm
ist dir, Gott, allmächtiger Vater,
in der Einheit des Heiligen
Geistes
alle Herrlichkeit und Ehre
jetzt und in Ewigkeit.

Aus der Liturgie der Eucharistiefeier

Seit wann mich dieses Gebet begleitet? Von Jugend an hörte ich es beim Messbesuch, und es wuchs mit mir und meiner Gottesbeziehung mit. Was zuerst leere Worthülse war, wurde zunächst durch das Theologiestudium und dann durch das alltägliche Leben im Kloster Zeile für Zeile gelebte Wirklichkeit: Wie oft habe ich in schwierigen Situationen erfahren, dass ich nur bestehen und das Gute durchhalten kann, wenn ich »in ihm« verwurzelt und »durch ihn und mit ihm« an die Herausforderungen herangehe! Wie ist mir »Gott, der allmächtige Vater« gerade im Jahr des Vaters, das Papst Johannes Paul II. zur Vorbereitung auf das Jubeljahr 2000 ausgerufen hatte, lieb geworden und nahegekommen! Wie habe ich, angeregt durch das Johannesevangelium, immer bewusster mit Jesus gebetet: »Vater, verherrliche deinen Namen!« – und das in guten und in schweren Stunden! So drücken diese inhaltsreichen Worte, die das eucharistische Hochgebet beenden, die tiefste Sehnsucht meines Lebens aus: Zusammen mit meinem Erlöser im Heiligen Geist eine Opfergabe für den Vater zu werden, zum Lobpreis seiner Herrlichkeit, Weisheit und Liebe, die mein Leben lenken und erfüllen!

HILDEGARD BREM O.CIST.

Schwester Hildegard Brem, geboren 1951, studierte vor ihrem Eintritt in die Zisterzienserinnenabtei Mariastern 1977 Mathematik, Philosophie und Theologie in Wien. Seit 1982 ist sie Novizenmeisterin, 2005 wurde sie zur Äbtissin gewählt. Bereits viele Jahre arbeitet sie an der Übersetzung und Herausgabe von Texten der Zisterzienserväter, besonders Bernhards von Clairvaux, und leitet Exerzitien und Kurse.

Herr Jesus Christus, du gingst heim zum Vater,
thronst ihm zur Rechten über allen Welten;
doch deine Jünger lässt du nicht als Waisen
hier auf der Erde.
Du schickst als Beistand deinen Geist der
Wahrheit. Er schenkt uns Einsicht, gibt uns
Licht und Hoffnung. Er führt die Kirche sicher
durch die Zeiten hin zur Vollendung.
Er weckt Propheten, die dem Volk vorangehn
und es voll Umsicht auf dem Weg geleiten.
Hirten bestellt er, ist in ihren Worten nahe den
Deinen.
Sie geben Zeugnis, reden unerschrocken, stär-
ken die Schwachen, sammeln die Zerstreuten,
lehren in Vollmacht, helfen ihren Brüdern, dich
zu bekennen.
Lob sei dem Vater auf dem höchsten Throne,
Lob sei dem Sohne, den er uns gesandt hat,
Lob sei dem Geiste, der von beiden ausgeht,
immer und ewig.

Hymnus der Hirtenfeste

Am Beginn jedes klösterlichen Lebens steht die Freundschaft mit Christus, die tiefe, vertrauensvolle Beziehung zu ihm. Deshalb singen Benediktiner beim Ablegen der Gelübde: »Suscipe me, Domine, secundum eloquium tuum et vivam« – »Nimm mich an, Herr, nach Deinem Wort und ich werde leben«. Bei jeder Komplet, dem letzten Gebet des Tages, beten wir: »Herr, auf dich vertraue ich, in deine Hände lege ich mein Leben.«

Als die iro-schottischen Mönche 1155 nach Wien kamen, mag ihnen dieses Gebet im Herzen gelegen sein. Sie gründeten das Schottenstift in der neuen Hauptstadt des Herzogtums. Seit dieser Zeit besteht das Kloster ohne Unterbrechung.

Wieso können wir dieses Gebet sprechen? »Ich bin bei euch alle Tage bis zum Ende der Welt«, diese Worte Jesu sind der Grund unserer Hoffnung. Wenn wir den Hymnus der Hirtenfeste singen, erinnern wir uns: »Deine Jünger lässt du nicht als Waisen hier auf der Erde.«

Mönche sind Jünger, die »unter der Führung des Evangeliums« (heiliger Benedikt, † 547) leben. Es ist zuerst der Auftrag, Gott zu suchen. In der Schottenkirche steht über dem Eingang als Aufruf »Sucht den Herrn, solange er sich finden lässt, ruft ihn an, solange er nahe ist« (Jes 55,6), und über dem Altar das Ziel: »Ut in omnibus glorificetur Deus« – »Damit in allem Gott verherrlicht werde«. Mönchtum bedeutet, in die Sendung Christi eingebunden zu sein, »gesalbt zum Priester, König und Propheten«. Christus schenkt uns Anteil an der Verheißung, indem er seinem Volk Hirten schenkt, die unerschrocken Zeugnis geben und allen helfen, ihn zu bekennen.

Sebastian Hacker OSB

Pater Sebastian Hacker, geboren 1973, ist Benediktinerpater in der Abtei Unserer Lieben Frau zu den Schotten in Wien. Er arbeitet als Kaplan in zwei Stiftspfarren und ist Gymnasiallehrer für die Fächer Religion, Russisch und Chemie.

Ewiger Vater,
wir opfern dir auf
das kostbare Blut Jesu Christi.
Es tilge unsere Sünden,
bringe allen Verstorbenen
Erlösung
und erhalte deine Kirche in
Liebe und Einheit.

Dieses Gebet stammt aus den »Gebeten und Feiern« der Gemeinschaft der Missionare vom Kostbaren Blut in der Deutschen Provinz, die im Jahre 1980 in authentischer Deutscher Übersetzung herausgegeben wurden. Kennengelernt habe ich das Gebet bei Jugendexerzitien, die von einem Missionar vom Kostbaren Blut begleitet wurden, und habe so dieses Gebet schon als Jugendlicher mit etwa 16 Jahren zu beten begonnen. Während dieser Tage wurde mir die Berufung zur engeren Nachfolge geschenkt. Sehr bald wurde mir klar: Ich will Missionar vom Kostbaren Blut werden. So habe ich angefangen, die Gebete der Gemeinschaft in mein Gebetsleben zu integrieren. Dieses kurze Aufopferungsgebet begleitet mich seither wohl die allermeisten Tage bis heute.

Immer, wenn ich so bete, richte ich meinen Blick auf den Vater, von dem alles Gute kommt. Er hat uns sein Liebstes gegeben, indem er seinen einzigen Sohn sandte, der uns durch sein Blut erlöst hat. Mit diesem Gebet erinnere ich den Vater gleichsam an die Frucht des Gehorsams Jesu bis zum Tod am Kreuz, denn durch sein Blut haben wir die Erlösung, die Vergebung der Sünden ... Vertrauensvoll erbitte ich diese für die pilgernde wie für die leidende Kirche und vertraue darauf, dass die einheitsstiftende, erlösende Kraft des Blutes Christi wie ein Sauerteig die Kirche auf dem ganzen Erdkreis durchwirke. Ihre in ihm geeinten Glieder dürfen Zeugen der Barmherzigkeit des Vaters sein. Sie haben erkannt, wie kostbar das Blut ist, durch das sie erlöst sind.

Andreas Hasenburger CPPS

Pater Andreas Hasenburger, geboren 1960, ist Priester und Missionar vom Kostbaren Blut. Derzeit ist er tätig als Provinzial der Deutschen Provinz und Rektor im Exerzitienhaus Maria Hilf in Kufstein. Er gestaltet Exerzitien, Vorträge und Einkehrtage und gibt geistliche Begleitung.

Gott, größer als alles ist Deine Gnade.
Sie hilft dem inneren Menschen auf
und schenkt das Licht der Erkenntnis.
Du allein, Gott, bist es, der mich unterweist.
Du bist es, der zu mir spricht,
der mich erkennen lässt, um was ich bitten soll.
Du, der Schöpfer, gibst als höchstes,
als erstes Gebot, Dich zu lieben.
Könnte ich um eine andere Gnade bitten
als um die Gnade der göttlichen Liebe?
Herr, gib mir Deine Liebe!

Antonia Werr

Dieses leicht abgeänderte Gebet der Gründerin unserer Gemeinschaft, Antonia Werr (1813–1868), begleitet mich seit fast 16 Jahren. Ich hatte es mir ausgewählt vor meinem Eintritt ins Kloster. Seitdem bete ich es jeden Morgen, bevor ich meinen Tag beginne. Als ich meine Profess ablegte, habe ich noch einen Zusatz gewählt. Nach der Bitte »Gib mir Deine Liebe!« füge ich an: »Ich schenke Dir heute meine Liebe.«
Das Gebet ist zu einem Ostinato meines geistlichen Lebens geworden. Es hilft mir, mich und mein Tun auf Gott hin auszurichten. Es erinnert mich daran, dass vieles nicht von mir selbst abhängt, sondern vielmehr Gnade, Geschenk Gottes, ist. Gott ist Schöpfer, ich bin Geschöpf. Gott schenkt Erkenntnis, seine/ihre Geistkraft kann meine Gedanken erhellen, mich inspirieren in meinem Tun. Von Gott will ich mich lehren und unterweisen lassen. Gottes Liebe lässt mich leben und aufleben, sie ist stärker als alles, was mich bisweilen niederdrückt. Sie hilft auf, tröstet und befreit. Der zuvorkommenden Liebe Gottes will ich mit meinem Leben und Lieben antworten.
Antonia Werr hatte sich im 19. Jahrhundert für Mädchen und Frauen eingesetzt, deren Würde in Trümmern lag. Die Menschenwürde zu schützen und solidarisch zu sein mit den Armen und Benachteiligten, ist Aufgabe und Ansporn für uns Oberzeller Franziskanerinnen.
Mit dem Gebet bitte ich um wache Sinne und ein offenes Herz für die Menschen, die sich danach sehnen, innerlich oder äußerlich aufgerichtet zu werden. Es weitet meine Gedanken und meinen Blick für die Nöte um mich herum oder in der großen Welt. Da meine Möglichkeiten begrenzt sind, halte ich Gott alle Menschen hin, die mir am Herzen liegen, vor allem die Armen und Schwachen, Einsamen

und Traurigen, Gebeugten und Gedemütigten, die Mädchen und Frauen.

Katharina Ganz OSF

Schwester Katharina Ganz, geboren 1970, gehört zur Gemeinschaft der Dienerinnen der heiligen Kindheit Jesu OSF – Oberzeller Franziskanerinnen – im Kloster Oberzell bei Würzburg. Sie ist Mitglied der Generalleitung und für das Bildungs- und Exerzitienhaus Klara und die Öffentlichkeitsarbeit der Gemeinschaft zuständig.

Jesus, ich vertraue auf dich.

»Du musst mehr Gottvertrauen haben«, mahnte mich meine Mutter, als ich klein war. Denn in brenzligen Situationen entfuhren mir immer wieder Äußerungen wie »das geht schief« oder »das kann nicht gut gehen«. Die wiederholten Mahnungen, Gott zu vertrauen und das Böse nicht durch unbedachte Äußerungen zu verstärken, machten mich nachdenklich.
Als Jugendlicher lernte ich dann das Bild des Barmherzigen Heilands aus Krakau kennen, welches die heilige Schwester Faustina hatte malen lassen. Da es mich sehr ansprach, wurde es bald zu meinem Jesusbild. Die Aufschrift »Jesus, ich vertraue auf dich« am unteren Bildrand berührte mich dabei besonders. Dabei waren es nun nicht mehr die Mahnworte der Mutter, sondern die Ängste, die ich als Jugendlicher zu überstehen hatte. Der Gedanke an die Gegenwart Jesu und seine Worte »Habe keine Angst, ich bin bei dir« halfen mir immer wieder, diese Ängste leichter zu überwinden.
Als ich dann vor der Priesterweihe einen Primizspruch auswählen durfte, wählte ich den Bibelvers in Sprüche 3,5: »Mit ganzem Herzen vertrau auf den Herrn. Bau nicht auf eigene Klugheit. Such ihn zu erkennen auf allen deinen Wegen, dann ebnet er selbst deine Pfade.« Es war mir inzwischen ein Anliegen geworden, auf diese Weise allen mitzuteilen, wie wohltuend es ist, wenn man sich an der Hand Jesu geborgen weiß.
Jeden Augenblick rückt die Stunde näher, in welcher Jesus bei mir anklopft und mich holen wird. Die Sterbestunde soll ein Fest sein, ein Augenblick, auf den ich mich freuen kann, aber worauf ich mich auch vorbereiten muss. Schon jetzt denke ich an den Moment, an dem ich die Augen schließen werde, aber dann Jesus sehen darf. Auch deshalb

bete ich gerne dieses Gebet. Wir beten es täglich in der Gemeinschaft und ich spreche es auch bei der Heiligen Messe – nach der Kommunion, wenn Jesus mir besonders nahe ist.

Alois Hüger FLUHM

Pater Alois Hüger, geboren 1965, gehört der Ordensgemeinschaft der Brüder Samariter FLUHM an. Er ist Dechant und Pfarrer in Klein Mariazell in Altenmarkt/Triesting.

Textnachweis

Immerfort empfange ich mich ...
Alle Autorenrechte liegen bei der Katholischen Akademie in Bayern
Romano Guardini, Theologische Gebete, 9. Aufl. 1998
in: ders., Psalter und Gebete, S. 310
Verlagsgemeinschaft Matthias Grünewald, Mainz / Ferdinand Schöningh, Paderborn

Ewiger Vater, wir opfern dir ...
Aus: Gebete und Feiern der Gemeinschaft der Missionare vom Kostbaren Blut in der Deutschen Provinz, 1980, S. 149

Ich setze auf die Liebe
Aus: Hanns Dieter Hüsch/Uwe Seidel, Ich stehe unter Gottes Schutz, S. 132f., 2009/11 © tvd-Verlag Düsseldorf 1996

Helga Unger, Von seiner Hand
Aus: Sudetenland. Europäische Kulturzeitschrift Böhmen – Mähren – Schlesien Jg. 51 (2009), Heft 4, S. 449 © Rechte bei der Autorin

Jungfrau Maria, Hüterin ...
Aus: Paul Claudel, Der seidene Schuh. Neu übersetzt von Herbert Meier, Johannes Verlag Einsiedeln, Freiburg 2003, S. 38f.

Franziskus von Assisi, Du – lichtvoll über allem! ...; Übersetzung: Niklaus Kuster OFMCap.

Benedikta Hintersberger OP, Gebet zur Knotenlöserin
Aus: Aurelia Spendel, Auf dem Weg durchs Leben. Mit heiligen Frauen durch das Jahr, © Schwabenverlag, Ostfildern 2005

Hymnus der Hirtenfeste, Commune Hirten – Laudes und Vesper, im Monastischen Stundenbuch, Dritter Band Im Jahreskreis,

S. 1321–1322 (Laudes) oder 1327–1328 (2. Vesper); im Weltpriesterbrevier, Dritter Band im Jahreskreis, Commune Hirten, S. 1156

Vater unser, in: Das Neue Testament und frühchristliche Schriften, (Matthäusevangelium 6,9–13), übers. und kommentiert von Klaus Berger und Christiane Nord, Insel Verlag Frankfurt 2005

Bildnachweis

Ursula Albrecht © Li Portenlänger, Eichstätt

Wolfgang Buchmüller © Kilian Müller

Kornelia Kreidler © Reiner Löbe

Odilo Lechner © Stefan Weigand

Maria Knotenlöserin © Bürgerverein St. Peter am Perlach e.V.

Ivo auf der Maur © Bernhard Bisquolm

Benno Mikocki © Prof. Yvonne Matula

Ancilla Röttger © kirchensite.de

Albert Schmidt © Christoph Lögler

Aurelia Spendel © Annette Zöpf

Paulus Terwitte © M. Weis

Karl Wallner © www.stift-heiligenkreuz.at (Jerko Malinar – cross-press.net)

alle anderen © privat